Karl-Heinz Bonk
Grünkohl-Zeit

Karl-Heinz Bonk

Grünkohl-Zeit

Vom grünen/braunen Kohl, der Kohlfahrt
und einem himmlischen Essen

ISENSEE VERLAG
OLDENBURG

Umschlagbild:
Fotos im Text: Elke Bonk

Bibliografische Information Der Deutschen Bibliothek

Die Deutsche Bibliothek verzeichnet diese Publikation in der Deutschen Nationalbibliografie; detaillierte bibliografische Daten sind im Internet über "http://dnd.ddb.de" abrufbar.

ISBN 3-89598-972-x

Gedruckt bei Isensee in Oldenburg

Wie man sich bei soviel Kohl zurecht finden kann:

Wie es zu diesem Büchlein kam: Tee, Wetter und Grünkohl

Er hatte dort so einfach gestanden, gestützt auf seine Sense. Unter einer grauen, sicher schon recht alten Schirmmütze her blickte er mich an.
Zunächst sah ich in ihm lediglich ein schönes Fotomotiv. Dieser Mensch paßte einfach wunderbar in die grüne Landschaft. Mir war es, als sei der alte Mann ein Symbol, ein Beispiel für die knorrigen Menschen hier im Land hinter den Deichen. Doch irgend etwas hatte mich gereizt, eine Unterhaltung mit ihm zu beginnen.
Gelernt hatte ich inzwischen, daß sich die Menschen hier mit einem kurzen „Moin!" begrüßten. Viel später erst lernte ich, daß allein in der Betonung dieses friesischen „Moins" sowohl Begrüßung als auch Ablehnung liegen konnten, eben sowohl ein „Ja" als auch ein „Nein".
Als ich ihn so schweigen sah, erinnerte ich mich eines klugen Mannes, der einmal gesagt hatte, im Schweigen läge die Erkenntnis des Lebens.
Die Augen des alten Mannes vor mir machten den Eindruck, als nähmen sie die Weite der Landschaft auf, um danach bewaffnet mit der unendlichen Stille ins Innere seiner Seele zu schauen.
„Een orrnlich Tass Tee mit Kluntjes, dat Wäär, so das dat nu mol kummt, tja, un wenn't woller so wiet is, 'nen Pott vull Gröönkohl, so mit striepten Speck un Pinkel!" antwortete der alte Mann nach langer Besinnungszeit, als ich ihn fragte, was denn so typisch sei hier in seinem Leben und überhaupt an der Küste. Und als wolle er das soeben gerade gesagte noch verstärken, folgte von tief unten aus seiner Kehle noch ein „Jo!".
Danach griff der alte Mann wieder nach seiner Sense und schwang das scharfe Blatt durch das hohe Gras.
Gern hätte ich von ihm noch mehr erfahren, doch es schien, als hätte ich in ihm einen Philosophen das Schweigens gefunden. Erst später wurde mir klar, daß er mir mit wenigen Worten seine Überzeugung vom Wert des persönlichen Lebens offenbart hatte. Ein Mehr an Worten hätte vielleicht sogar den Eindruck verfälscht.

Die Landschaft am Deich ist voller Reize. So rannen die Stunden dieses Tages schnell dahin. Immer wieder taten sich neue Motive auf. Manchmal schien es, als zögen die Wolken in der Ferne rasch dahin und nähmen all meine Träume mit. Dazwischen setzten die Möwen immer wieder besondere Ton-Akzente. Nur Menschen fehlten hier, aber vielleicht war gerade das der Reiz dieser Landschaft.
„So ist das Wetter nun einmal bei uns!" sagte die Wirtin, als ich spät am Nachmittag von einem Regenschauer getrieben in den kleinen Dorfkrug einkehrte.
Bei der schlichten Gemütlichkeit und dem hier besonders fröhlichen „Moin!" kamen mir beim Sitzen an dem kleinen Fenster wieder die Worte des alten Mannes in den Sinn. Er hatte doch vom Tee, vom Wetter und Grünkohl gesprochen.
Wind, Wellen, das Wetter überhaupt, so glaubte ich, hätten mir genügend die Haut massiert, das Haar zerzaust, dabei aber die dumpfen Gedanken radikal aus dem Schädel getrieben.
Nun dampfte vor mir der goldgelbe Tee, dessen Duft verführerisch bis in meine Nase kroch. Die Wirtin ließ große Zuckerstücke in eine recht kleine Tasse fallen, goß den heißen Tee darüber, daß es leise knisterte.
„Und zum friesischen Tee gehört das Wulkje!" erklärte sie und hob behutsam zweimal einen Kaffeelöffel Sahne auf den Tee.
„Und nicht umrühren!" mußte ich erfahren. Danach war die einfache, doch sehr nette Wirtin wieder fort.
Schnell wurde mir klar, daß es wohl wahr sei, was man mir vorher gesagt hatte: „Tee, richtig genossen, macht sanftmütig!"
Ich fühlte mich hier gut aufgehoben. Irgendwie fand ich die Regentropfen, die jetzt vom Wind gegen die Scheiben getrieben wurden, recht gemütlich. Sie gehörten nun einmal hier zur Landschaft, sagte ich mir.
„Wenn Sie noch einen Wunsch haben, sagen sie eben Bescheid!" sagte die Wirtin. Aber sie blieb noch stehen, als wisse sie, daß ich noch etwas fragen wollte.
Die Wirtin hatte ihre Hände unter die blaugestreifte Schürze gesteckt. Ihr Gesicht strahlte eine innere Zufriedenheit aus, so etwas wie menschliche Wärme.

„Sagen Sie mal, was ist denn eigentlich so besonders an dem Grünkohl?" fragte ich sie.
Sie lächelte und blieb zunächst einen Moment schweigsam, dann zog sie ihre Hände hinter der Schürze hervor und meinte: „Tja, Grünkohl, unser Grünkohl mit Pinkel und Speck, das ist nicht einfach ein Festessen für den Magen, das ist einfach ein Gedicht, das ist etwas für die Seele! Aber da kommen Sie besser im Winter, dann verspreche ich Ihnen, da gibt es wieder unseren defftigen Grünkohl mit allem, was dazu gehört! Und glauben Sie mir, das ist wie der Himmel auf Erden! Aber hier auf Erden haben wir ja auch nicht immer den Himmel, deshalb müssen wir eben geduldig abwarten!"
Sie war wirklich nett, diese einfache Wirtin. Noch lange hörte ich ihr freundliches „Moin!" Als ich schon an der Tür war, meinte sie noch: „Und vergessen Sie nicht, von November bis März gibt es hier unseren Grünkohl!"
Erst Jahre später habe ich diesen kleinen Ort wieder besucht. Die Wirtin war leider nicht mehr da, aber der Grünkohl, von dem sie gesprochen hatte, den habe ich dort genossen, einen „Defft´gen Ollnborger Grünkohl", wie er auf der Speisekarte stand, und mit „Pinkel".
Die alte Wirtin sollte recht behalten: Dieser Grünkohl war nicht einfach eine normale Speise, das war nun mal ein Gedicht, ein Geschenk für Geist und Seele!

Kohl, ein ganz normales Gemüse? Im Zorn von Dionysos erschaffen

Uns Deutschen im Nordwesten läuft schon mal das Wasser im Munde zusammen, wenn man nur das Wort „Gröönkohl" oder vom „Braunen Kohl" hört. Und es ist tatsächlich so: Für den kurzen Zeitraum von Ende Oktober bis Ende März regiert der Kohl hier die Küche.

Bekannt sind beim Kohl alle möglichen verschiedenen Sorten. Draußen auf dem Land spricht man von Witt- bis Blaustrunken, eben je nach Farbe des Kohlstrunks. Man kennt auch den Spruten- oder Sprötenkohl, womit man den Sprossenkohl im Frühjahr meint. Und auf den Märkten sucht man nach Lerchenzungen, was einen ganz besonders schmackhaften Grünkohl garantiert. Insgesamt handelt es sich um Blätterkohl, der je nach Gebiet mal „Grünkohl", dann wieder „Braunkohl" heißt. Noch unterschiedlicher wird es regional beim Grünkohl-Essen, wenn es um die fleischlichen Beilagen zu der Kohl-Mahlzeit geht. Doch alles zusammen ergibt eben erst den besonderen Reiz des Mahls, den besonderen Geschmack dieses norddeutschen Nationalgerichts!

Doch fragen wir einmal das Lexikon, was dort über das Gemüse „Grünkohl" zu finden ist:

Im Brockhaus finden wir lediglich:

„Braunkohl, ein Speisekohl, siehe Blätterkohl.

Und unter Blätterkohl steht zu lesen:

Blätterkohl = Auf Blattmasse gezüchtete Gartenkohlart.

Als Palmkohl eine Zierpflanze, als Markstammkohl, auch Kuh-, Braun-, Riesen-, Pommerscher- und Strunkkohl als Viehfutter und Gründünger. Grünkohl als Gemüse auch Braun-, Kraus- oder Federkohl genannt.

Blätter eingeschnitten, kraus oder glatt, grün oder braunviolett, winterhart, reich an Eiweiß, Vitamin A+C

In einem älteren Nutzpflanzen-Buch für Norddeutschland gibt es da nähere Hinweise:Kohl, lateinisch Brassica oleracea, dänisch = Kaal, holländisch = Kool schwedisch = Kal, Blätterkohl = Winterkohl. Man unterscheidet krusen Kohl und slichten Kohl, diesen mit ungekräuselten Blättern, ferner blaustrunken und wittstrunken.

Der zu Futterzwecken angebaute Kohl mit dickem, markigem Strunk heißt „Dickstrunk", in einigen oldenburgischen Gebieten auch „Dweeholtschen Kohl" genannt, weil aus Diepholz eingeführt.
Im Gegenteil dazu gibt es den winterharten Dünnstrunkkohl, auch Kohkohl genannt. Dieser schießt in den Frühjahrsmonaten leicht durch. Dieser junge Kohl wird besonders gern gegessen als Sprudelkohl oder auch Sprutenkohl, manchmal auch Sprötenkohl genannt. Dieser Sprossenkohl ist auch in England bekannt als „sprouts".
Der Blätterkohl zum Essen heißt brauner Kohl, Gröönkohl, im Englischen = greens.
Brauner Kohl mit Pinkel ist ein berühmtes Oldenburger Gericht."

Soweit die Erklärung ganz formeller Art. Wir können dabei aber erkennen, daß Kohl auch früher schon ein gern verzehrtes Gemüse war.
Kohl ist eine Pflanze mit einer langen Geschichte, die tief in unserer Kultur verwurzelt ist und sich in vielerlei Redensarten und Volksweisheiten wieder findet.
Zu einer appetitlichen Mahlzeit verarbeitet schafft es der Kohl, daß Menschen beim Essen wieder fröhlich sein können und bei dem Genuß dieses Gemüses mal wieder so recht „die Sau" aus ihrer Seele lassen.
Nachdem er ihn mit allem Drumherum mal so richtig genossen hatte, hat ein bekannter Mann einmal über den Kohl gesagt, er sei „wie der Himmel auf Erden".
Kohl gehört zu den ältesten Kulturpflanzen der Menschheit. Seine Ursprünge sucht man bisher im Mittelmeerraum, zumal die alten Römer schon wahre Kohlorgien gefeiert haben. Heute jedoch glauben die Wissenschaftler, daß er wohl eher vom nordischen „Wilden Meerkohl" abstamme. Auf jedenfall haben sich die Norddeutschen dieser göttlichen Pflanze besonders liebevoll angenommen. Die größten Anbaugebiete für den Speise-Grünkohl findet man in Norddeutschland. Und besonders die Norddeutschen bekommen beim Genuß ihres „Gröönkohl-Ätens" ein fröhliches Herz. Im Bremischen spricht man überall vom „Braunkohl".

Die Fröhlichkeit beim Genuß mag geradezu im Gegensatz stehen zur Entstehungsgeschichte des Kohls nach der griechischen Sage. Danach ist er einst aus den Tränen des Prinzen Lykurgos entstanden, als dieser bitterlich und vor Schmerzen weinte. Er war es gewesen, der sich mit Dionysos angelegt hatte und von ihm zerrissen wurde und geblendet. Doch hier ist es manchmal wie im Lebensalltag: Aus Tränen entsteht neues Glück, und in unserem Fall ist es das „Gröönkohl-Äten", heute ein Festmahl für manchen Magen und geschundene Seele.

Wir erkennen, daß der Kohl eben doch viel mehr ist als nur eine ganz normale Gemüse-Pflanze.

Lange Zeit bleibt er auf der Zunge, dieser leicht bittere, rauchige Geschmack des Grünkohlessens vom vergangenen Jahr mit den besonders würzigen Fleisch-Beigaben, aber nun wartet man schon wieder sehnsüchtig auf die neue Saison der „Grünkohl-Fahrten" und des Braunkohlessens. Es ist nicht nur der leibliche Genuß, auf den man setzt, sondern dazu gehört eine große Portion Geselligkeit, eben ein fröhliches Miteinander.

Ein Genuß für Leib und Seele ...
Grünkohl-Essen, nicht einfach eine Mahlzeit!

Die Menschen im Norden der Republik gelten von jeher als zurückhaltend, bedächtig, nicht gerade redefreudig. Doch jedes Jahr, wenn der Kramermarkt in Oldenburg und der Freimarkt in Bremen überstanden sind, dann geraten die Leute hier in einen schwer zu begreifenden Taumel aus Lust am Wandern durch die geradezu frostige Landschaft und dem Essen des grünen Kohls, wobei sie dann aber alle Mäßigkeiten aufgeben. Überall zwischen Ems und Weser, inzwischen sogar bis weit zur Weser hin und bis in die nördlichen Gefilde Schleswig-Holsteins machen sich die Menschen auf zur „Kohl- und Pinkelfahrt" oder eben zum „Grünkohl-Essen". Bei den Bremern heißt es dann „Braunkohl-Essen".

Das, was sich da abspielte, ist nicht einfach ein von alther ge-

übter Brauch, es ist auch nicht einfach eine normale Speise, das ist vieles mehr!
Fremde schütteln verständnislos den Kopf, wenn sie Menschengruppen auf den Straßen der weiten Landschaft entdecken, meistens zu den Wochenenden. Die Leute sind winterlich gekleidet, machen aber so gar keinen frierenden Eindruck. Gar oft führen sie einen kleinen Bollerwagen mit sich, geschmückt mit grünen Kohlstrunken. Ab und zu macht die Gruppe Halt und prostet sich vergnügt aus kleinen Gläsern und gar Eierbechern zu. Dazwischen werfen sie mit einer schlichten Kugel über die holprige Straße und jubeln, wenn diese möglichst weit rollt.
Ziel dieser feuchtfröhlichen, sportlichen Gesellschaft ist ein Lokal, in das sie einkehren. Hier zieren oft wiederum grüne Kohlblätter und silberumwickelte Kohlstrunken die gedeckten Tische. Volle Kummen köstlich zubereiteten Grünkohls warten schon darauf, daß sich die inzwischen hungrige Gesellschaft darüber her macht und dabei möglichst viel der dazu gereichten Fleisch-Köstlichkeiten verzehrt. Leicht herb duftet es, dazwischen zieht ein angenehmer Geruch der leicht geräucherten Pinkelwurst durch den Raum. Egal, aus welcher Ecke der Republik man kommt, nun kann man nicht anders, man setzt sich dazu. Nun genießt man den Grünkohl mit der Pinkel (Igitt, hatte man wohl erst gedacht). Dabei amüsiert man sich und genießt von all dem, was einem dort so appetitlich entgegen schaut. Nun endlich beginnt man zu verstehen, daß dieses Grünkohlessen nicht einfach eine ganz normale Speise ist. Das ist eine wunderbare Mischung aus Himmel und Erde, Glück und Zufriedenheit, macht

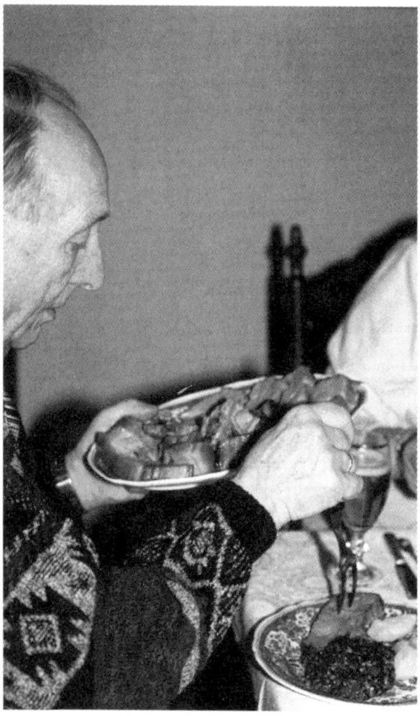

gleichzeitig Magen und Seele sanftmütig. Beim Grünkohl-Essen vergißt man den Alltag, den ständigen Kampf mit den Pfunden und schon lange das liebe Geld. Was beim Grünkohlessen gilt, ist einfach der Genuß. Dabei verbinden sich die Köstlichkeit des Essens mit der Geselligkeit und der einmaligen Gelegenheit, daß sich Menschen einmal wie Menschen begegnen. Es ist eben doch etwas dran, wenn einmal jemand gesagt hat: Grünkohl, das ist wie der Himmel auf Erden!
Es gibt viele Menschen, die sich den Grünkohl aus der alten Heimat bis in die weite Welt nachschicken lassen. Ob in Hongkong oder den USA, in Hessen oder Stuttgart, man kennt inzwischen dieses „Kohl- und Pinkel-Essen" weltweit, aber fest steht doch: Zuhause schmeckt der Grünkohl immer noch am besten, besonders dann, wenn der Frost einmal über den Grünkohl draußen weggegangen ist. Der Frost macht den ganz besonderen Geschmack!

Viel Gutes vom Kohl
Grünkohl ist gesund!

Es gibt Gegenden, in denen man beim Kohl von der „Palme" spricht. Zugegeben, manche Kohlsorten erreichen eine Höhe von mehr als einem Meter. Besonders Kinder auf dem Lande benutzen das Kohlfeld gern als Versteck. Auch von Liebespaaren wird erzählt, die unter dem grünen Kohldach von der schönsten Welt träumen. Naja, Grün ist ja auch eine belebende, beruhigend zugleich, sehnsüchtige Farbe.
Für unsere Betrachtung aber ist nicht so sehr der Stiel, mehr der krause Kohlkopf mit seinen möglichst zarten Blättern interessant. Schließlich entsteht aus diesen Blättern die besondere norddeutsche Spezialität, von der ja in diesem Buch allgemein die Rede ist. Heute sind die angebauten Sorten auf Blattmasse gezüchtet. Doch alle gehören zur Gruppe des Blätterkohls mit dem lateinischen Namen „Brassica oleracea".
In manchen Gegenden heißt er nicht Grün, sondern Braun-, Kraus- oder Federkohl. Es ist keine typisch norddeutsche Pflanze, wenn man das auch immer wieder hört. Er wird welt-

weit angebaut und gehört zu den ältesten Kulturpflanzen der Menschheit.
In Norddeutschland hat der Grünkohl nahezu ideale Wuchsmöglichkeiten gefunden. Dazu tut das herbe, manchmal recht frostige Klima ein übriges. Grünkohl ist auch noch im tiefsten Winter frisch aus dem Garten zu ernten und hat sich so hier zum Nationalgericht entwickelt.
Unser Kohl ist ein besonders gesundes Gemüse. Grünkohl ist reich an Vitamin A, B1, B2 und C, hinzu kommt ein hoher Gehalt an Mineralstoffen Calcium und Eisen.
In den grünen Blättern steckt viel Eiweiß. In einem Kilogramm Kohl findet man ebenso viel Eiweiß wie in einem ganzen Liter Milch. Das oben genannte Vitamin A stärkt die Sehkraft. Ob allerdings Kohlesser dadurch automatisch die bessere Sicht haben, sei dahin gestellt. Der Vitamin-C-Gehalt ist fast gleich dem des Paprika. Der Grünkohl hat auch zehnmal mehr Karotin als zum Beispiel Weißkohl. Durch diese massive Ansammlung von Vitaminen und Mineralstoffen ist dieses Kohlgemüse Grünkohl besonders im Winter für den Körper äußerst förderlich. Zu vermerken ist noch, daß zwei Faktoren zum Erhalt der Vitamine beitragen: Zum einen wandelt der Frost die Stärke des Kohls in eine typisch herbe Süße um, die nachher den so unnachahmlichen Geschmack beschert, zum anderen aber werden hier die Vitamine A, C und E

erst durch das Kochen freigesetzt. Eine zu lange Kochzeit allerdings kann den hohen Vitamingehalt doch zerstören!
Der Geschmack von frischem Kohl ist zwar besser, doch wenn er länger kocht, ist der Grünkohl auch besser verdaulich.
100 Gramm Grünkohl liefern 30 Kilokalorien, damit ist er recht energiearm. Kalorienreich wird das Kohlessen erst durch die Zutaten, wobei Pinkel, Kochwurst und Speck sicherlich schnell zu Buche schlagen. Man kann jedoch die Mahlzeit etwas kalorienärmer machen, wenn man Fleisch und Wurst vorher gesondert kocht und das Fett dann abschöpft.
Nun kann man aber auch davon berichten, daß der Kohl in der Volksmedizin eine recht große Rolle spielt.
Der Vater der Heilkunst, der Grieche Hippokrates, war fest überzeugt, daß aufgewärmter Kohl eine schmerzstillende Wirkung habe. Als wirksames Mittel gegen Heiserkeit empfiehlt er einen Saft aus Kohlbrühe mit Rosinen.
In Ostfriesland legte man früher bei Kopfschmerzen einige Kohlblätter auf die schmerzenden Stellen. Diese Blätter mußten jedoch vorher in heißes Wasser gelegt werden.
In Norddeutschland und bis weit hinein nach Ostpreußen kannte man auch die heilende Wirkung der Kohlblätter bei Geschwüren.
Der Römer Martialis schlug vor, man solle Kohlblätter klein schneiden und mit Salpeter vermischen. Dieses Gemisch mußte abgekocht werden. Es sollte besonders gut helfen bei trunkenem, schwerem Kopf und einem übervollen Magen. Dieses Rezept ist aber sicher nicht zur Nachahmung empfohlen.
Und von noch einem bekannten Römer wird etwa über den Kohl als Medizin berichtet: Cato empfahl als bestes Mittel gegen Koliken aufgewärmten Kohl mit Öl, Salz und Kümmel und dazu Polenta. Hierbei scheint der Kümmel eine besonders wohltuende Wirkung zu zeigen, denn schließlich ist Grünkohl blähungsfördernd.
Im alten Ostfriesland stahl man Grünkohlblätter aus Nachbars Garten. Damit sollten lahmende Schweine geheilt werden. Der Diebstahl dabei gehört in den Bereich des alten Volkglaubens, wo sich unser Grünkohl recht häufig wiederfindet.

Aus einem alten Hausratgeber sind folgende vier Tips vielleicht noch ganz interessant:

1) Und wo einer mit einem harten Leib kämpfet und daraus will nichts entweichen, der soll nehmen Blätter des grünen Kohls, sie kurz in Wasser kochen, den Sud daraus mit wenig Zucker trinken, das gibt Befreiung für den Leib!
2) So einem der Bauch gar heftig grimmt, so soll er Kohlblätter nehmen und sie in Hühnerbrühe kochen, sodann heiß verzehren.
3) Der Samen des grünen Kohls vertreibt die Würmer aus dem Leib, so man sie einnimmt mit süßem Wein.
4) Hat jemand die Stimme verloren, so soll er Blätter nehmen vom Kohl und sie gut und langsam kauen.

Letztlich wollen wir festhalten, daß uns der Grünkohl mehr als nur Gesundheit schenkt, nämlich die Geselligkeit!

Gut geplant ist halb gewonnen
Die Vorbereitung einer Kohlfahrt

Natürlich kann man allein oder zu zweit oder mit der Familie zum leckeren Grünkohlessen gehen. So etwas kann sogar auch einmal wieder Pfeffer in den häuslichen Alltag bringen. Doch gerade in unserer immer ärmer werdenden Gesellschaft, was die gesellschaftlichen Kontakte anbetrifft, ist es immer wieder gut, wenn man wieder einmal Menschen um sich hat, die nicht nur Zahlen, Ziele, Gewinne oder Paragraphen im Kopf haben, sondern sich einfach mal gemütlich erholen wollen, ja, und dabei auch noch genießen.

Geben Sie sich also einen Ruck und melden sich zur nächsten Kohlfahrt an oder besser noch, organisieren Sie doch selber eine! Jemand muß bei der Organisation das Heft, sprich eine gute Planung, in die Hand nehmen. Zwar gibt es zur üblichen Kohlsaison von Oktober bis zum März in allen Tageszeitungen genügend Werbung der renommierten Gasthäuser, die Kohlmahlzeiten anbieten, die eigentliche Kohlfahrt indes sollte stets individuell gestaltet werden.

Es ist nun einfach notwendig, daß sich ein Festkommittee früh-

zeitig Gedanken macht. Sicher würde man eine solche Planung auch ganz allein schaffen, aber mehrere Köpfe haben eben auch vielseitigere Ideen, und die sind absolut gefragt!
Eine wunderbare Kohlmahlzeit kann man sicher auch innerhalb der Mauern unserer großen Städte genießen, doch traditionell wird vorher der nötige Hunger bzw. Appetit erwandert oder erlaufen. Nur wer das ansonsten so fröhliche Drumherum einer Kohlfahrt nicht mag, bleibt beim einfachen Kohlessen, was vielfach auch von Geschäftsleuten als Arbeits- oder Kontaktessen genutzt wird. Damit geht allerdings der gesellschaftsfördernde Charakter „Für Magen, Herz und Sinne" verloren.
Schon die gemeinsame Vorbereitung kann viel Spaß machen. Deshalb sollen hier nun einige Tips folgen, wie man eine Kohlfahrt organisieren sollte:
Das Organisationskommittee klärt vorab schon einmal die Grundinteressen der eventuellen Teilnehmer, ob zum Beispiel überhaupt kleine sportlerische Spielchen angenommen werden. Auch sollte man schon frühzeitig nach einem gemütlichen Kohl-Lokal ausschauen, was zweckmäßigerweise bereits im Sommer geschehen sollte. Jemand aus der Planungsgruppe sieht sich schon vorher einmal die betreffende Gaststätte an. Manchmal kann man dann auch schon einmal „Probe-Essen", was ja im Zeitalter der Gefriertechnik heute gut möglich ist. Nun wird die Teilnehmerzahl ermittelt. Dazu wird eine Einladung herausgegeben, die möglichst originell sein sollte. Es gibt zwar schon vorgedruckte, doch eine persönlich und liebevoll gestaltete Einladung ist immer vorteilhaft. Dabei kann die Einladung auch die Kontur eines Schweines haben oder mit der Silhouette seines Kohlstrunks verziert, ausgefranst sein wie ein Kohlblatt oder auf grünem Papier. Auf jeden Fall darf es nicht eine zutiefst sachliche Einladung sein, hier ist ein lustiger Stil angesagt.
Vor der Kohlfahrt verrät man das eigentliche Ziel nicht und schon gar nicht die Strecke der Wanderung und der Spiele.
Bei Betriebskohlfahrten sollte man an die Ehepartner/Lebenspartner der Kollegen denken und sie in die Einladung einbeziehen. Das hat sich immer als sehr förderlich für das allgemein menschliche wie Betriebsklima erwiesen.
Wenn die Teilnehmerzahl feststeht, kann man endgültig eine Ab-

sprache treffen mit der betreffenden Gaststätte. Nach der Größe der Gruppe richtet sich ganz entscheidend, wozu man sich durchringt. Kleine Gruppen wählen besser ein kleines Lokal oder man fragt nach separaten Clubzimmern. Das ist ziemlich sicher gemütlicher und häufig steht der Wirt oder die Wirtin noch selbst in der Küche. Wichtig ist auch die Entscheidung, ob man unter sich bleiben möchte oder eventuell mit mehreren größeren Gruppen an einem Gemeinschafts-Kohlessen teilnimmt. Sammelkohlfahrten sind häufig preislich günstiger, doch auf keinen Fall so individuell zu gestalten.
Auf jeden Fall darf man das Lokal nicht zu spät bestellen. Häufig helfen bei der Suche auch örtliche Verkehrsvereine!
Das Komitee entwirft frühzeitig eine Kohl-Zeitung. Deren Inhalt sollte jedoch erst zum eigentlichen Essen publik werden. In den möglichst fröhlichen, keinesfalls dumm-dreisten Beiträgen sollte ein jeder Teilnehmer vorgestellt werden. Schlechte Eigenschaften gehören nicht in die Kohlzeitung und schon gar keine schlüpfrigen Unterstellungen. Wiederum kleine ironische Bemerkungen sind erlaubt.
Es ist ein umgeschriebenes Gesetz, daß an der angekündigten Kohl-Wanderung vor dem Essen jeder teilnehmen muß. Diese Tour durch die winterliche Landschaft sollte aber nicht länger als zwei Stunden dauern, wobei das Vorbereitungskomitee die Strecke möglichst schon vorher abgehen sollte. Dabei sollte man auch eventuell plötzlich auftretendes Schlechtwetter einplanen. Dann muß ein Ersatz parat sein. Hier bieten sich Kegeln, Bowling oder Schießen an. So etwas kann man frühzeitig vorher beim örtlichen Schützenverein erfragen. Statt der Fußwanderung entscheidet man sich manchmal für eine Kremserfahrt oder, wann es noch uriger sein soll, für eine Fahrt mit einem Bauernwagen, vielleicht gezogen von einem Trecker. Doch so etwas muß rechtzeitig erkundet werden und geklärt, ob genügend sichere Sitzmöglichkeiten gegeben sind.
Die Vorbereitungsgruppe sollte auch noch ermitteln, ob ggf. eine Busfahrt eigens von der Gaststätte angeboten wird, was besonders auch die späte Rückfahrt anbetrifft. Ein eigener Charterbus wird meistens recht teuer.
Für die Fußwanderung sollte man ein Unterhaltungsprogramm

aufstellen. Das ist allerdings bei größeren Gruppen kaum möglich.
Die Kleidung der Teilnehmer ist sowohl beim Fußmarsch wie beim Essen freigestellt, sollte aber mehr salopp und sportlich sein. Kennzeichen der Kohlfahrergruppe ist ein hochgewachsener Kohlstrunk, meistens mit Silberfolie umwickelt.
Die Spitze des sportlichen Zuges macht eine Quetschkommode oder ein Akkordeonspieler, gefolgt vom Komitee. Doch diese Reihenfolge verliert sich schnell. Also rechtzeitig an Wegemusik denken. In unserer modernen Zeit tut es häufig auch ein CD- oder MC-Spieler, der auf dem Bollerwagen mitgeführt wird. Solch ein Wagen gehört zu der Standardausrüstung einer Kohlfahrt. Also muß man ihn frühzeitig irgendwo ausleihen. Und nicht zuletzt guckt man schon rechtzeitig jemanden aus, der ab und zu die MC oder CD wechselt.
Dieser Bollerwagen hat aber noch eine ganz wichtige Aufgabe: Er wird außen mit Grünkohl und Luftballons geschmückt. Auf ihm wird die nötige Wegzehrung mitgeführt, was sein kann: Ein paar Flaschen Korn zum Aufwärmen und Mutmachen, eventuell eine Kiste Bier, vielleicht auch warmer Kaffee und manchmal sogar Glühwein. Recht positiv bewährt haben sich auch mitgeführte geräucherte kleine Mettwürste und Salzgebäck. Und nicht vergessen: Ein Teilnehmer ist zuständig für den Verpflegungs-Bollerwagen. Wo kein Bollerwagen zu bekommen ist, tut es auch ein ausgedienter Kinderwagen. Auf diesem Wagen werden auch die notwendigen Spielutensilien mitgeführt. Nun kann man nicht ununterbrochen wandern. Für den Stopp zwischendurch hat man den Korn oder für die Damen auch schon mal den Aufgesetzten. Schließlich sorgt so etwas auch für das „innere Gemüt". Jeder Teilnehmer fährt dazu ein Schnapsglas mit Henkel oder einen Eierbecher mit, der an einem Band um den Hals getragen wird. Solche Trinkutensilien sollten möglichst einheitlich sein.
In letzter Zeit wird bei den Kohlfahrten auch gern eine Schluckmaschine, auch Schluckbrett genannt, mitgeführt. Hier befinden sich vier oder sogar mehr Becher auf einer Leiste oder einem Brett. Die Leiste wird von zwei Teilnehmern während des Stopps gehalten. Nun werden die Gläser mit Schnaps gefällt und auf Be-

fehl in die Münder bzw. Kehlen von gleichzeitig mehreren Teilnehmern gekippt. Durch sportliche Übungen sollen Hunger und Appetit geweckt werden, zudem kommt keine Langeweile auf. So legt man einen Teil der Strecke mit Boßeln oder Besenwerfen oder weiteren lustigen Spielchen zurück. Diese Spiele darf man jedoch nie zu ernst nehmen. Vorschläge für einige dieser Spiele finden Sie in einem kurzen Extra-Kapitel. Für das eigentliche Essen müssen vorher noch ein paar Utensilien rechtzeitig besorgt werden. Dazu gehören der Schweinsorden und die Kohl-Urkunde, dann das Kronenpaar aus Pappe, noch ein paar Kohlblätter und ein mit Silberfolie eingewickelter langer Kohlstrunk als Zepter. Falls nach dem Essen noch Spiele eingeplant sind, darf man auch die kleinen Gewinne nicht vergessen. Diese sollten keine Wertobjekte darstellen, sie sollten mehr Symbolcharakter haben. Bei der Sitzordnung ist man inzwischen von der strengen Regelung „Erst Königin und König, dann das Komitee, abgegangen. Man sitzt ungezwungen.
Den Teilnehmern muß man schon frühzeitig bekannt geben, welche Rückfahrtmöglichkeiten es gibt. Ein formelles Ende der Veranstaltung oder eine zeitliche Begrenzung werden nicht genannt. Die Leute von der Planungsgruppe müssen bis zum Ende der Veranstaltung die Regie in der Hand behalten. Solch ein Kohlessen sollte stets fröhlich ausklingen, damit man auch im nächsten Jahr wieder sagen kann: „Auf geht's zur Kohlfahrt!"

Das Vergnügen vor dem Essen
Auf zur Kohlfahrt

Spätestens dann ist es so weit: Wenn unter den Füßen der Boden knirscht, Rauhreif auf den Zweigen liegt und man Schal und Handschuhe wieder herkramt, dann beginnt die Zeit der Kohlfahrten. Der Name irritiert ein wenig, denn meistens handelt es sich um eine Wanderung durch die Landschaft, ganz ohne Autos und Motor! Vom Buß- und Bettag bis hin zum Gründonnerstag im beginnenden nächsten Frühjahr gehört der Grünkohl, auf landestypische Art zubereitet mit Kasseler Rippenspeer, Speck und Pinkel, zur selbstverständlichsten Speise in Nord-

deutschland. Mag auch mancher Zugereiste zunächst die Nase rümpfen und vielleicht beim Nennen der schmackhaften Pinkelwurst die Stirn runzeln, am Ende mag ihn jeder, eben den Grünkohl mit allem, was dazu gehört. Daß er in manchen Gebieten „Braunkohl" heißt, tut dem Wohlgeschmack keinen Abbruch.
Selbstverständlich beherrscht jede norddeutsche Hausfrau die heimische Kohlzubereitung, doch weil es ein besonderes Erlebnis ist und einfach nun mal dazu gehört, werden allerorten sogenannte Kohlfahrten organisiert. Manchmal heißen sie dann auch „Kohlpartien" oder „Kohl- und Pinkel-Fahrt".
Früher machte man sich grundsätzlich per Fuß auf und wanderte durchs Land, bevor man zum Genuß des Kohls einkehrte. Inzwischen hat man sich der Zeit ein wenig angepaßt. Wo früher vorab stundenlange Wanderungen für den rechten Appetit sorgen mußten, plant man heute etwas gemächlicher: Bus oder Auto bringen die Kohlfahrer häufig bis zu einem Treffpunkt auf dem Lande. Hier nun beginnt die gemeinschaftliche Kohlfahrt, die zu Fuß dann über Landstraßen geht. Nun wandert man nach der Regel: erst den Kohl verdienen, dann genießen! Erst am Ende der Wanderung und der Spielchen dabei landet man dann in einem gemütlichen Lokal, wo die Grünkohlmahlzeit schon wartet.
Nach der Tradition muß ein Kohlfahrer immer an einer vorherigen Kohlwanderung teilnehmen. Dabei ist es zu empfehlen, mit warmer Kleidung und wenig Gepäck auf Kohltour zu gehen. Ein kleiner, heute ja wieder so beliebter Rucksack reicht für die wenigen Utensilien, zu denen eventuell die Tanzschuhe gehören. Diese wird man später nach dem Essen gebrauchen, wenn der fröhliche Teil beginnt.
Nun wandert man zünftig gemeinsam über die gefrorenen Straßen. Mag es auch blaue und rote Anzeichen von Kälte auf dar Haut geben, fürs Frieren bleibt keine Zeit. Mit mancherlei Spielchen wird es sicher nicht langweilig. Da bleibt viel Gelegenheit zum Klönen und Lachen.
Meistens führt die Gruppe einen Bollerwagen mit. Das ist kein Eselskarren und soll auch nicht symbolisch die früher beliebten Pferdewagen oder –schlitten ersetzen. Er dient zum Transport der mitgeführten Wegzehrung. Dazu gehört vor allem der traditionelle Korn oder in moderner Zeit auch der „Aufge-

setzte". Wo absolut kein Bollerwagen aufzutreiben ist, tut es auch ein ausgedienter Kinderwagen. Beides wird geschmückt mit herrlich gewachsenen Grünkohl-Palmen. Daß solch ein Wagen manchmal später nach dem Essen auch zum Transport total Ermatteter genutzt werden kann, sei dahin gestellt! Doch noch ist man gut zu Fuß. Wandern macht bekanntlich durstig und aufwärmen muß man sich auch. So stärkt man sich öfter mal zwischendurch mit einem Schluck. Dazu führt jeder einen Eierbecher oder ein Glas am Band um den Hals mit.

Doch auch der sportliche Ehrgeiz und das Können ist gefordert. Um sich und den Leib so richtig frei zu machen für das spätere Essen, betätigt man sich während der Wanderung mit einer Reihe von Spielchen. Früher kannte man dabei nur das Boßeln. Hierbei wird eine Kugel aus Pockholz mit dem Arm geschwungen und dann möglichst weit geschleudert, immer nach vorn über die Straße. Sieger ist die Gruppe, die mit den wenigsten Würfen am weitesten gekommen ist. Doch heute gibt es zahlreiche lustige andere Spiele.

An der Spitze der Gruppe läuft meistens ein Teilnehmer mit Musik-Instrument. Häufig aber findet man keinen, der noch Live-Musik machen will, dann tuts auch Musik vom Bollerwagen mittels eines mitgeführten Kassettenrekorders oder eines CD-Spielers.

Aus der Gruppe tragen einige eine Oldenburger Palme (Grünkohl) als Symbole ihrer Gemeinschaft.

So kommt man mit Wandern, Unterhaltung, Spielen endlich leicht durchfroren beim Kohl-Lokal an. Und hier wird man bereits an der Tür verzaubert vom Duft des Kohls mit seinen leckeren Beilagen.

Schnell setzt man sich und dann kann es losgehen mit dem „defftigen Kohlessen".

Eine Kohlfahrt ohne Wanderung gibt es auch, dann spricht man lediglich vom Kohlessen, das heute häufig von Firmen gestaltet wird. Aber wer's richtig machen will, der sollte mitmachen bei einer richtigen Wanderung über Land.

Mit Schwung auf Tour
Spiel und Spaß bei der Kohlwanderung

„Appetit kommt mit der Bewegung!" hat jemand einmal während der Kohlfahrt gesagt. Doch das soll keine Arbeit sein, auch kein Leistungssport, wenn man bei Frohsinn und netter Unterhaltung nicht nur dem mitgeführten Korn den Garaus macht, sondern für mancherlei Zeitvertreib und Betätigung sorgt.
Schon in den frühen Tagen der „Kohlfahrt-Bewegung" war das Boßeln ein beliebter Sport. Dieser friesische Spott ist leicht ausführbar und kaum einer kann dabei etwas falsch machen. Während der Kohlfahrt werden auch nicht die strengen sportlichen Regeln zugrunde gelegt. Einfach ausgedrückt geht es dabei darum, eine Kugel mit Geschick über die Straße zu rollen. Ziel dabei ist es, die vorgegebene Strecke mit möglichst wenigen Würfen zurückzulegen. Dabei treten zwei Mannschaften gegeneinander an. Die Gruppe mit den wenigsten Würfen hat gewonnen. Es empfiehlt sich, die festgelegte Strecke auf etwa 4 km zu begrenzen, um Langeweile zu vermeiden.
Das Boßeln ist eine besondere Form des Klootschießens, bei dem auf hartgefrorenem Boden eine Kugel aus Pockholz, mit Blei beschwert, exakt 475 gr. schwer, zunächst mit dem Arm geschwungen und dann möglichst weit nach vorn geschleudert wird. Wer die Kugel ins Abseits wirft, muß manchmal mit viel Mühe die Kugel wieder hervorholen. Da sich häufig neben der Straße tiefe Gräben befinden. die dabei auch nicht immer zugefroren sind, gibt es häufig recht schwierige Bergungsaktionen. Als Werkzeug oder Hilfsmittel wird dabei lediglich ein sogenannter Kraber bereitgehalten. Das ist ein Fangkorb ähnlich einem Apfelpflücker an einem langen Stiel. Damit fischt man solange im Wasser oder Graben, bis die Kugel gefunden ist. Aufgeben ist unehrenhaft, sich helfen lassen darf man nur in besonders problematischen Fällen. Erleichtert wird angeblich die Suche durch gemeinschaftliches „Korn-Trinken". Nebenbei bemerkt gilt beim eigentlichen Boßelsport ein striktes Alkohol-Verbot! Aus dem vorgenannten Boßeln entwickelten sich einige weniger sportliche, aber dennoch ebenso fröhliche Aktivitäten, die man bei einer Kohlwanderung gut durchführen kann.

Da ist einmal das sogenannte „Bessensmieten", im Hochdeutschen das Besenwerfen. Das sorgt ebenfalls für viel Schwung und den Hunger auf den angekündigten Grünkohl. Verwendet werden dazu Reisigbesen, im Plattdeutschen sagt man dazu „Struukbessen", die man in dörflichen Genossenschaften erwerben kann. Wiederum werden zwei Mannschaften gebildet, die nun versuchen, eine festgelegte Strecke mit dem Werfen der Reisigbesen zu bewältigen. Hierbei gibt es keinerlei Werf-Vorschriften, was dann zu lustigen Eindrücken führen kann. Hieran nehmen besonders Frauengruppen teil. Wiederum gewinnt die Gruppe, die die Strecke mit den wenigsten Würfen schafft. Als Belohnung winkt wieder der Schluck aus der Pulle. Statt des Strauchbesens wird in einigen Gegenden auch ein Stiefel benutzt. Bei diesem „Stävelsmieten" genügt schon ein einfacher Gummigartenstiefel. Verfahren wird wie beim Besenwerfen.

Angeblich aus Ostfriesland stammt der „Teebeutel-Weitwurf". Hier sind die zu überwindenden Strecken sehr viel kürzer bemessen. Doch schon in der Handhabung liegt ein besonderer Reiz: Man erfaßt den Teebeutel am Pappteil des Ziehfadens. Nun versetzt man ihn in Rotation und läßt ihn los. Er soll zwar nach vorne schleudern, doch hier zeigen sich die wunderlichsten und eigenwilligsten Eigenarten eines Teebeutels und seines Werfers. Gewonnen hat hier derjenige, der auf der Strecke den weitesten Wurf geschafft hat. Der Ideenreichtum sportlicher Aktivitäten ist inzwischen vielfältig. So kennt man auch den Sockenweitwurf, wobei man einen Herrenstrumpf, mit Sand gefüllt, möglichst weit zu werfen hat, aber auch den Dosenfußball, der jeden an die Jugendzeit erinnert, sowie das Sackhüpfen oder das Rückwärtslaufen.

Man muß jedoch aufpassen, daß die Spiele nicht zu lächerlich-kindisch geraten. Und stets sollte man daran denken, daß auch beim Grünkohlmarsch genügend Pausen bleiben müssen für Gespräche untereinander. Und derjenige, der den Bollerwagen zu ziehen hat, möchte auch einmal ausruhen. Auf seinem Wagen wird auch die notwendige Marschverpflegung mitgeführt.

Die Wanderung vor dem Essen
Wie die Kohlfahrten entstanden

So neu ist der Brauch der sogenannten Kohlfahrten nun doch nicht. Dafür ist er immer noch aktuell.

Etwa um 1800 herum begannen die betuchteren Herrschaften der Stadt Oldenburg damit, nach einsetzendem Frost und dem ersten Schneefall, wenn die Acker- und Gartenarbeit kaum noch möglich war, ihre Schlitten anzuspannen und aufs Land zu fahren. Von dem im Volk sehr verehrten Herzog Peter Friedrich Ludwig wissen wir, daß er bei solchen Landtouren allen voran fuhr. Nicht selten lenkte man die Schlitten nach Mansholt oder Gristede, wo reiche Bauern einen gewissen Wohlstand erworben hatten. Hier nun kehrte man ein und unterhielt sich „genüßlich beim langen Kohl".

Es handelte sich keinesfalls um bessere Gaststätten! Für die Frau des Hauses war es eine besondere Ehre, wenn solch hohen Gäste kamen. Damals war es sehr viel ländlich-bäuerlicher. Aus langen Brettern auf Böcken richtete man einen langen Tisch her. Der Ehrenplatz wurde aus übereinander gestapelten Kornsäcken vorbereitet, wo dann auch der Landesherr Platz nehmen durfte. Man begann stets mit „deutschem Kornbranntwein" für die Herren und heißer Milch für die Damen. Vorher noch wurden die Pferde versorgt. Vor jedem Gast stand ein zinnerner Teller. An jedem Tischende wartete ein hausgebackenes Brot.

Nun folgte der Kohl: Gebracht wurden zwei oder drei große Kummen Kohl, so fett, daß kein Dampf mehr aus dem Kohl aufstieg. Dazu zierte die Tafel geräuchertes Rindfleisch, Schinken, Wurst und der übliche Schweinskopf.

Diese „Kohlpartien" der Honoratioren verloren mit Ende des 19. Jahrhunderts ihren exklusiven Reiz. Dafür wurden sie nun zum besonderen Vergnügen des normalen Volkes.

Nun machte sich jeder Verein auf. Gerade damals hatten sich viele Turn- und Singvereine gegründet.

Kohlfahrtstag war damals stets der Sonntag, schließlich gab es noch keine Fünftagewoche. Gern gewählt wurde der Buß- und Bettag im grauen November. Daß man dabei so gar nicht Buße tun wollte, gefiel zunächst den Kirchen-Oberen so gar nicht.

Im Volke aber hat sich dieser Tag als Starttag für die Kohl- und Pinkel-Saison eingeprägt. Erhalten ist aus dieser Zeit ein Bericht über eine wohlgelungene Kohlfahrt des Oldenburger Turnerbundes. Da heißt es, daß sich 90 Mitglieder morgens um halb neun von Oldenburg am Pferdemarkt aufgemacht haben zum Fußmarsch nach Berne im Stedingerland. Da heißt es weiter: „Nach einem Marsche von 4 1/2 Stunden hatte sich ein reger Appetit eingestellt, doch der Wirt hatte für genügend Speise gesorgt!" Der „Braune Kohl" war wohl „trefflich zubereitet von der Frau Wirtin", wurde sodann vermerkt.
In den Jahren des 1. Weltkrieges unterblieben die großen Kohlfahrten. Wohl aber nutzte das Volk den grünen Kohl als willkommene Abwechslung zu den Steckrüben, die inzwischen nicht mehr gern gegessen wurden. Aber schließlich machte man betreff der Steckrüben immerhin eine Anleihe: Mit der heißgeliebten Pinkel schmeckte es besser.
Die Zeit zwischen den Kriegen war zunächst von Geldknappheit gezeichnet. Doch dann regte sich wieder das Vereinsleben, Dank der eingerichteten „Vergnügungskassen" lebten die Kohlfahrten so nach und nach wieder auf. Ende der zwanziger Jahre mußten Kohlfahrten noch von der Polizeibehörde genehmigt werden.
Befreit ging man ab den mittleren dreißiger Jahren wieder auf die beliebte „Kohl- und Pinkelfahrt". Jetzt durften auch Frauen teilnehmen, die bis dahin ausgeschlossen waren. Schnaps war für Frauen nicht schicklich, wohl aber ab und zu ein Likör.
Gänzlich aus fielen die Kohlfahrten mit Beginn des zweiten Weltkrieges, doch dann nach den langen Entbehrungen begann man 1950 wieder mit der Tradition der Kohlfahrten. Nun holte man so ziemlich alles nach nach dem Motto: „Frischer Kohl und fröhliches Herz". Nun lächelte man über den überstandenen „Kohldampf". Fast jeder Verein, wohl jedes Amt genehmigte sich jetzt wieder eine Kohlfahrt! Bekannt ist auch der Ausspruch eines englischen Besatzungsoffiziers vom Fliegerhorst in Oldenburg, den man zu einer privaten Kohlfahrt eingeladen hatte. Am Ende war er so begeistert, daß er meinte: „Greenkohl, o my God, it's wonderful!"

Vom eigentlichen Kohlessen
Nun kommt der Kohl auf den Tisch

Erste Anzeichen der im Herbst beginnenden Grünkohlzeit sind der Frost und der erste Rauhreif auf den inzwischen ausgewachsenen Kohlpflanzen. Mit den Minusgraden bekommt der Kohl erst seinen unvergleichlichen Geschmack. Sicher führen die Lebensmittelhändler inzwischen auch schon tiefgekühlten Grünkohl oder in Dosen, aber richtige Kohlesser lassen nichts über frisch geernteten Grünkohl direkt vom Hof, aus ihrem Garten oder vom Händler ihres Vertrauens auf dem Wochenmarkt kommen. Kluge Hausfrauen wissen genau, worauf sie beim Einkauf achten müssen: Gelbe Blattspitzen weisen darauf hin, daß der gepflückte Kohl bereits zu lange gelagert wurde. Grünkohl hält sich nach der Ernte unverbraucht nur kurze Zeit frisch, also sollte er recht schnell verarbeitet werden. Zur Not kann man ihn im Gemüsefach des Kühlschranks noch zwei bis drei Tage aufbewahren, doch besser ist es, ihn frisch geerntet sofort zu verarbeiten und dann gleich in den Kochtopf. Nun dampfen daheim und in den Küchen der Restaurants wieder die Kochtöpfe. Wenn die Kohlfahrtzeit beginnt, benötigen größere Gaststätten den Grünkohl gleich wagenweise!
Jede Köchin, jede Hausfrau hat ihr besonderes Rezept, wie sie den Grünkohl zubereitet. Ein normales Grundrezept sowie vielerlei Abwandlungen finden Sie in dem Kapitel „Rezepte".
Wichtig ist auf jeden Fall: Grünkohl muß richtig zubereitet sein, nicht zu grob und nicht zu fein. Und zum Grünkohl gehört nun mal das Quentchen Hafergrütze oder eine Handvoll Haferflocken. Doch nun tut sich endlich die Tür auf zum Tisch, auf dem das Wonnemahl angerichtet ist. Der besondere, leicht herbe Duft des Kohls verzaubert die Sinne. Dazu mischt sich der angenehme Geruch der Beilagen. Das nun vermischt sich mit der wohligen Wärme des Raums und der Gesellschaft der ebenfalls hungrigen Gäste.
Beim üblichen Kohlessen ißt man an langen Tischen. In Abständen dampfen auf den Tischen große Kummen mit dem inzwischen vom lichten Grün zum leichten Braun lecker zubereiteten Kohl. Dazu erblickt man weitere Kummen mit goldgelben

Salzkartoffeln und auf großen Fleischtellern laden verlockende Fleisch- und Wurstsorten zum Zugreifen ein.
An der Stirnseite der großen Tafel residieren meistens die Kohlkönige, die nun mit einem fröhlichen „Prost"! auffordern zum rechten „Reinhauen".
Üblicherweise beginnt ein richtiges Kohlessen mit einer kleinen Vorsuppe. Das ist entweder eine einfache Hühnersuppe oder eine wohlschmeckende Hochzeitssuppe mit Hühnerfleisch, Eierstich und etlichen Gewürzen. Doch immer häufiger wird auf die Suppe verzichtet, denn viel mehr verlocken die Genüsse von Kohl und Pinkel und den weiteren leckeren Zutaten.
Nach ungeschriebenen Gesetzen muß jeder Teilnehmer eines zünftigen Kohlessens einen großen Teller Kohl, dazu eine Pinkel, zwei Kochwürste und ein Stück Speck oder Kasseler verzehren.
Einige nicht „linientreuen" Kohlesser ziehen es vor, den Grünkohl mit Hähnchen-, Enten- oder Gänsekeulen zu essen, was in Pommern recht häufig so gereicht wurde. Andere wieder wählen statt der Salzkartoffeln die moderne Form als Kroketten oder Bratkartoffeln. Altgesottenen Grünkohl-Gourmets widerstrebt das jedoch absolut. Von allem, was zu einem guten Grünkohl-Mahl gehört, wird laufend nachgereicht. Es gilt als gera-

dezu unschicklich, den Teller nur halb zu füllen. Grünkohlessen heißt einfach Schlemmen, aber dieses Schlemmen ist eben ein Genuß. Dazu bei trägt die Tatsache, daß man beim Kohlessen niemals unter Zeitdruck stehen darf!
Erst wenn man traurig, aber gesättigt das Besteck beiseite legt, dann darf man sicher sein, daß man „gelebt" hat. Grünkohlessen ist und bleibt ein Genuß für Leib und Seele.
Zwischendurch trinkt man meistens zur besseren Verträglichkeit einen klaren Korn oder ein Bier. Wein gehört normalerweise nicht zum Kohl!
Für danach bietet sich eine ordentliche Tasse Kaffee an. Manche mögen noch einen Nachtisch, wobei häufig Rote Grütze die richtige Abrundung bietet.
Üblicherweise wird das große Kohlessen ohne Unterbrechung genossen. Erlaubt ist höchstens ein Vortrag aus der Kohlzeitung. Dabei wird weiter gegessen, denn Kohl muß man heiß genießen. So schmeckt er am besten und ist auch am besten verträglich.
Wer privat sein Kohlessen zubereitet, der weiß, daß Grünkohl bestens wieder aufgewärmt werden kann. Einige schwören sogar darauf, daß aufgewärmter Kohl von Mal zu Mal besser schmeckt.
Egal, ob man gerade einmal auf Diät ist oder nicht, beim Grünkohlessen muß man einfach zulangen. So ist es Brauch und soll es auch bleiben.

Auf die Beilagen zum Grünkohl kommt es an! Von Pinkel, Kasseler und Rippenspeer

Ein zünftiges Kohlgericht, sprechen wir besser vom Kohl- und Pinkelessen, besteht nicht einfach aus einer guten Portion Kohl und dazu einer Pinkelwurst, es ist ein himmlisches Gericht, wo sich pflanzliche und tierische Genüsse vereinen zu einem Gedicht für Magen und Kopf!
Natürlich, ohne den eigentlichen Kohl geht es nicht, aber die richtige Portion Wurst und Fleisch dazu sind nun mal die Krönung der gesamten Mahlzeit.

Doch beginnen wir zunächst mit den goldgelben Salzkartoffeln. Diese müssen gut abgeschwenkt sein und dürfen bei einer guten Kohlmahlzeit nie wässrig auf den Tisch kommen. In der Mitte des Tisches leuchten sie dampfend heiß aus der großen Kumme. Daß man mancherorts inzwischen statt der Kartoffeln Kroketten reicht, gilt bei echten Kohlgenießern als Stilbruch. Wiederum gut gebratene Kartoffeln mit Schinkenstückchen können besonders den aufgewärmten Kohl zum Genuß machen. Eine besondere Spezialität beim Kohl sind auch Maronen, die in Bremen zum Schaffermahl schon immer gehörten. Leider sind diese Eßkastanien bei uns ein wenig aus der Mode gekommen.

Doch noch bevor sich der Kohlgenießer die Kartoffeln nimmt, greift er zum heißen Kohl. Dieser muß mit ein wenig Fett gekocht sein, entweder Schweine- oder Gänseschmalz. Diese Fettzugabe gibt dem Kohl nicht nur einen besonders appetitlichen Geschmack, er läßt den Grünkohl auch besonders glänzen, sorgt also auch für ein wenig Augenschmaus. Der richtig gekochte Grünkohl ist mit Grütze, manchmal auch einer Portion Haferflocken, angedickt. Die Köchin spricht hier vom „Sämigmachen". Diese Kombination verleiht der leichten Herbe des Kohls den einzigartigen Geschmack.

Der eingefleischte Kohlesser, und dazu wird man schnell, ißt zum Kohl mindestens eine Kochwurst, eine Portion Kasseler Rippenspeer, in einigen Gegenden auch ein Stück gebratenes Geflügel, was aber allgemein wieder als Stilbruch angesehen wird. Und dazu kommt dann noch gestreifter Speck und die unbedingt dazugehörige Pinkel. Ohne Pinkel ist es kein richtiges Kohlessen!

Beim Speck streiten sich die Menschen der norddeutschen Gebiete: Die einen, besonders die Oldenburger, schwören nun mal auf geräucherten, gestreiften Speck, während es im Ostfriesischen der fette, glasige Speck sein muß.

Echte Kohl-Fanatiker legen Wert darauf, daß Grünkohl und Fleisch getrennt angeboten werden. Aus den großen Kummen dampft der Grünkohl, während man sich die fleischlichen Genüsse von einem großen Teller immer noch nachholen kann.

Es gibt allerdings auch Gebiete, wo der Kohl schon beim Rest-

Kochen unter den Kohl gehoben wird und auch so gereicht. Hier ist man fest überzeugt, erst so würde der richtige Geschmack erzielt. Moderne Restaurants brechen inzwischen mit der strengen Trennregel und reichen den Kohl als Tellergericht.
Daheim wird der aufgewärmte Kohl häufig gegessen, indem Fleisch und Wurst zusammen mit dem Kohl erwärmt werden.
Aber wie es auch sei, zum Kohl muß genügend Fleisch gereicht werden. Mini-Mahlzeiten gelten hier nicht, Diäten sind für diesen Moment außer Kraft gesetzt.
Was ist nun so besonders attraktiv an den Beilagen?
Da ist zu allererst einmal die Pinkel, die schon durch Form und Farbe ins Auge sticht. Auf der Zunge wird sie dann zum Genuß.
Eine Pinkel ist eine Grützwurst, eigens für das Grünkohlessen gemacht. Sie ist der besondere Kick zum Grünkohlessen. Ab und zu hört man noch die Behauptung, man habe diese Wurst bei den Armen früher mittels der Grütze gestreckt. Dem ist jedoch nicht so. Auch in besonders feinen städtischen Haushalten gehörte die Pinkelwurst bekannterweise zum wichtigsten Zubehör des Kohlessens.
Vom Namen her klingt sie ein wenig ungehörig. Dabei ist es eine in den Enddarm gestopfte Wurst. Im Plattdeutschen heißt dieser Enddarm auch Pinkeldarm. Diese Pinkel besteht aus Grütze und Speck und wird auf besondere Art geräuchert. Ih-

ren besonderen Geschmack erhält sie neben der Räucherung auch noch durch Zwiebeln und etliche Kräuter, doch da hat jeder Schlachter sein eigenes Rezept. Diese besonderen Rezepte bleiben Geheimnis, auch die Art und Weise des Räucherns. Doch rühren wir nicht an diesem Geheimnis, solange sie uns den unnachahmlichen Geschmack mit dem Grünkohl beschert. Je nach Gebiet enthält die Pinkel mehr oder weniger Fett, was vorrangig von der verarbeiteten Speckmenge und Größe abhängt. Erfahrene Hausfrauen wissen, daß man manchmal besser die Pinkel vorher separat kocht und das ausgetretene Fett abschöpft. In anderen Gegenden, in denen auch Kohl gegessen wird, so zum Beispiel im Hannoverschen, reicht man statt der Pinkel eine Brägenwurst. Auch hier handelt es sich um eine Grützwurst, in der jedoch Schweinehirn verarbeitet wird.
Ein Kohlessen ist aber nie ein einseitiger Fleischgenuß. So gehören zum Grünkohl noch auf jeden Fall Kochwürste und Kasseler Rippenspeer, kurz Kasseler genannt.
Sowohl die Kochwürste wie auch Kasseler werden von den norddeutschen Schlachtern zur höchsten Vollendung gebracht, wobei wiederum die Art des Räuchern eine besondere Rolle spielt. Allgemein rechnet man für jeden Gast zwei geräucherte Kochwürste.
Wer den Grünkohl nach altem Stil genießt, der wird auch gern zu geräuchertem, gestreiftem Speck greifen. In moderner Form reicht man auch schon einmal Hinterschinken, Bauchfleisch oder Wellfleisch. Früher war beim Grünkohlessen der Schweinskopf ein Muß. Man kennt in einigen Gegenden auch Blutwurst, Rauchfleisch oder eine dicke Scheibe Jagdwurst als Beilage zum Grünkohl.
So richtig zugelangt wird gern beim Kasseler. Dieses Fleisch kennt man nicht aus der Stadt Kassel, den Namen erhielt es nach dem Berliner Schlachter Cassl, der diese Spezialität kreierte. Das Fleisch wird vorher gepökelt und danach geräuchert. Heute ist eine gute Portion Kasseler nicht mehr wegzudenken von unserem Grünkohl-Essen.
Ganz entscheidend für den guten Kohlgenuß ist die Ausgewogenheit von Kohlmenge zum Fleisch. Es gilt die Regel, daß je-

der Esser solange nachgreift, wie es seinen persönlichen Bedürfnissen entspricht.
Ab und zu empfiehlt sich allerdings während des Essens ein Blick zum Nachbarn. So erkennt man rechtzeitig, ob man nicht doch selbst zum Kandidaten für die Kohlkönigswürde avanciert. Aber man soll sich nicht bange machen lassen. Zum Grünkohlessen gehört nun einmal eine gehörige Portion Hunger. Der Appetit kommt von selbst.
Daraus entwickelt sich ein besonderer Genuß und sicher auch ein fröhliches Herz.
Und vergessen sollte man nicht: Zwischendurch sollte man sich einen kühlen Klaren genehmigen, manchmal sagt man dazu auch einfach Korn. Der tut recht gut und bringt noch Raum im Magen für eine letzte Pinkel, oder?

Man sagt schon leicht mal soetwas...
Grünkohl in Redensarten und Brauchtum

Der Grünkohl ist nicht nur die Grundlage der besonderen norddeutschen „Nationalspeise", zu der inzwischen „Grünkohl mit Pinkel" aufgestiegen ist, er ist in der Sprache und dem Brauchtum dieser Landschaft stark verwurzelt.
Daß man nicht nur „Kohldampf „beim Grünkohlessen mitbringt, sondern im alltäglichen Wortschatz damit den Hunger überhaupt meint, ist schon ein guter Beweis dafür.
Daß jemand „Kohl redet", ist bei einer guten Kohlrede sogar erlaubt, gilt aber im normalen Sprachgebrauch als negativ. Man verkohlt schon einmal seine Mitmenschen, was aber meistens mehr spaßig gemeint ist. Gar nicht gut weg kommt die Berufsgruppe der Literaten und Rezensenten. Von ihnen sagt Louis Johann 1906: „Sie kohlen ja an allen Enden", und ob das heute nicht ebenso ist, sei dahingestellt. Dann wieder redet jemand von „aufgewärmten Kohl", was soviel wie wiederholte Argumentation andeuten soll, was allerdings bei der Tatsache, daß aufgewärmter Kohl besonders gut schmeckt, nun doch etwas betrüblich stimmt. Noch häufiger hört man gerade in der letzten Zeit die Redensart: „Das macht den Kohl nicht fett!"

In einer Notiz von 1906 erfährt man: „Du kannst den Arzt und Mediziner durch den braunen Kohl dir sparen!"
Besonders oft begegnet man dem Kohl in niederdeutschen Redensarten. Hier soll nur einiges folgen:

1) De Gröönkohl waßt achtern Diek, un dor willt wi em man ok geneeten.
2) To'n bruunen Kohl hört Speck un Malligkeit.
3) He blifft achter sien Moders Kohlpott sitten! (Das ist ein Hinweis auf einen häuslichen Typ, der nicht gerade kontaktfreudig ist)
4) He waßt as'n Kohl! (damit meint man ein für sein Alter zu großes Kind)
5) Dat is Wäär för lüttje Lüüd un laaten Kohl (sagt man schon einmal zu Leuten, die erst spät im Frühjahr auf Kohlfahrt gehen)
6) Welkeen över usen Kohl wat Slechts seggt, den sett wi sienen Kopp aver düchtig torecht!
7) Äät Kohl, denn sitt di de Rock woll!
8) Beter dat de Buuk barst as dat de Kohl verdarft!
9) Beter eene Luus in'n Kohl es gor kien Fleesch! (Sagt man auch schon mal, wenn man den Eindruck hat, der Wirt oder die Hausfrau geize mit den fleischlichen Beilagen)
10) Jeedeen mutt sien Kohl so äten, as he em kookt hett! (Sagt man, wenn der Kohl nicht gut schmeckt!)
11) Verdarft mien Huus, den waßt tominst mien Kohl!
12) Man weet nich, of man mit ein in'n Kohl of in de Röven is! (Sagt man über einen Menschen, der schwer einzuschätzen ist)

Diese vorgenannten Redensarten, von denen es noch eine ganze Menge mehr gibt, sind zum Teil erst spät entstanden. Doch unser Kohl ist auch tief im Volksglauben verwurzelt und zeigt sich teilweise auch heute noch in bestimmten Bräuchen.
So hält sich in Teilen Ostfrieslands bis heute das Wort: „Wenn sich im Winter die Herzblätter des Kohls rosa oder lila färben, wird dem Haus des Gärtners schon bald eine Braut herbeigeführt.
Im Hannoverschen war es früher üblich, daß Pferde und Kühe zur Heiligen Nacht Braunkohl aus dem Garten bekamen. Dann

sollten sie keinen Luftröhrenkatarrh bekommen und keine Blähungen. Im Norddeutschen findet man gebietsweise noch heute den Brauch, daß der Bauer in der heiligen Nacht gestohlenen Kohl aus Nachbars Garten holt und damit seine Pferde füttert. Dann sollen seine Tiere übers ganze Jahr gesund bleiben.
Und der Volksmund sagt auch: „Wer an Weihnachten keinen Braunkohl ißt, bekommt selber Eselsohren."
In Ostfriesland und um die Stadt Jever hat sich lange Zeit der Brauch gehalten, daß zu Nikolaus und zu Weihnachten die Kinder einige Grünkohlblätter und ein Stück Brot in die Fensterbank legten. Damit sollte der Nikolaus länger bei ihrem Haus verweilen.
Ganz sicher christlichen Ursprungs ist der Brauch, am 26. Dezember, dem Stephanstag, keinen Kohl zu essen und zu pflücken. Das geht zurück auf den Bericht, wonach sich der Heilige Stephan vor seinen Peinigern in einem Kohlfeld verbarg.
Aber schließen wir mit einer Redensart, die so recht die bäuerliche Defftigkeit deutlich werden läßt:

Düchtig äten,
düchtig supen,
langsam gahn
un orrnlich pupen!
Das war eine Redensart, die üblich war beim Kohlessen im dörfliche Krug -

Von Kohlmajestäten und einer Krönung
Nun werden die Kohl-Könige gewählt

Man sitzt fröhlich zusammen. Noch immer dampfen vor einem die Kummen grünen Kohls und auf den Tellern ist dem fleischlichen Genuß noch lange nicht der Garaus gemacht, denn schließlich wurde ja ständig noch nachgefüllt. Der Genuß geht nun einmal über alles! Es wird nicht getrieben und gehetzt. Dann aber legt man irgendwann das Besteck zufrieden auf den Teller zurück und genehmigt sich noch einen Schluck zur besseren Verdauung. Die Hose oder der Rock zwickt ein wenig, innerlich ist man trotz aller Ruhe beim Essen nun doch in

Schweiß geraten. Wo man auch hinblickt: Es gibt nur zufriedene Gesichter und fröhliche Menschen.
Nun war es bisher immer Usus, daß derjenige, der zuletzt zu erkennen gibt, daß es ihm immer noch schmeckt, während aber alle anderen Gäste schon längst das Essen aufgegeben haben, reif ist zum Empfang der Kohlkönigswürde. Mit Argusaugen hatte bereits vorher das Kurfürsten-Kollegium beobachtet, wer am meisten Grünkohl genossen hatte. Und eben dem- oder derjenigen wird nun die Königswürde verliehen. Im Zeitalter der Gleichberechtigung werden heute fast immer eine „Sie" und ein „Er" ausgeguckt. Der Ehepartner bzw. die Partnerin sind nicht automatisch mitgewählt!
Die Kurfürstenkommission, angeführt vom bisherigen Königspaar, manchmal aber auch vom zufriedenen Wirt, gibt nun die Wahl mit allerlei Hallo bekannt, mit möglichst viel Augenzwinkern und launigen Worten begleitet.
Das bisherige Königspaar hat noch einmal das Recht, einige wohlwollende Worte an das Volk zu richten. Üblicherweise ermahnt man dabei sein Volk zur Mäßigung, aber am Ende steht immer ein „Prost" auf den Grünkohl.
Danach führt man das neue Paar zum Thron. Dieser steht meistens am Kopfende der Kohltafel und ist mit Kohlblättern geschmückt. Den neuen Regenten verleiht man einen Kohlorden, der meistens die Umrisse eines fetten Schweins trägt. Doch gibt es hier vielerlei Varianten. So nimmt man auch schon einmal den vorher peinlich gereinigten Unterkiefer eines Schweins, versehen mit einer langen Kette und der eingravierten Königswürde.
Bei offiziellen Königsproklamationen wie dem Grünkohlessen der Stadt Oldenburg in Berlin befinden sich an der Königskette noch zahlreiche Plaketten, die die Namen der bisherigen Könige tragen. Zur Krönung gehört natürlich auch noch eine feierlich überreichte, im Text vorzutragende Urkunde. Mit dieser wird der Inhaber für besondere Verdienste um den Kohl, manchmal auch wörtlich für die „große Fresserei" geehrt. Das alles geschieht mit launigen Worten. Urkunde und Kohlorden kann man in einschlägigen Geschäften vorher erwerben.
Das Königspaar erhält jetzt die obligatorische Krone aufs

Haupt gesetzt. Als Zeichen der neuen Macht trägt der neue König ein Zepter, bestehend aus einem Kohlstrunk, meistens mit Silberfolie umwickelt.
In kleinen Kohlfahrt-Gruppen ist es heute immer noch üblich und guter Brauch, den Letztessenden zum König zu wählen. Ganz pedantische Kurfürsten-Kollegien halten dafür sogar eine Waage bereit für das „Vorher- und Nachher"-Gewicht.
Die moderne Kohlgeneration, besonders bei den großen Essen, deren Gäste aus Wirtschaft und Politik kommen, hat man schon im Vorfeld einen würdigen Kohlkönig ausgespäht. In solchen Fällen wird die betreffende Person meistens vorher informiert, ob sie auch zur Annahme der besonderen Würde bereit ist.
Man kennt auch noch andere Methoden, um einen neuen König herauszufinden. Hierbei zählen der Zufall oder das Glück. Bei dieser Form wird es möglich gemacht, daß auch eßschwache Kohlfahrer zu Königsehren kommen können. So klebt man heimlich vor dem Essen unter zwei verschiedene Stühle eine Markierung oder aber im angebotenen Nachtisch befindet sich bei zwei Tellern ein Gummi-Bärchen. Häufig wird aber der Nachtisch gar nicht angerührt, so daß diese Methode fraglich ist. Man kann auch zu Beginn des Essens oder schon beim Eintreffen an jeden Teilnehmer eine Schraube ausgeben. Nur eine

Schraube und eine Mutter passen letztlich zusammen. Wer diese vorweist, ist dann der König bzw. die Königin. Hat man nun das neue Königspaar ermittelt und formell inthronisiert, was stets mit der gebührenden Feierlichkeit in der Stimme geschehen sollte, dann folgt die Thronrede des neuen Paares, die aber kurz sein sollte, höchstens 5 bis 10 Minuten. Hierbei wird in launigen Worten der gute Kohl und der Koch/Köchin gelobt und die gemeinsame Fröhlichkeit herausgehoben. Das häufig in Ermangelung passender Worte kurze „Prost!" ist ein wenig mager. Besser ist es, wenn der neue König einmal sein Volk so richtig verkohlt. Dazu sollte man ruhig einmal die Rubrik dieses Buches über Redensarten usw. aufschlagen. Erst am Ende der Rede trinkt man dem Volke wohlwollend zu, nicht vergessend, daß man dem „hochlöblichen Kohlpublico" ein Versprechen geben muß: Der neue König darf nämlich das Kohlessen des nächsten Jahres ausrichten. Enden wird dieses Versprechen dann wohl mit den Worten:"... und mindestens so gut wie dieses Mal!"

Das nun amtierende Königspaar eröffnet den anschließenden Tanz, der manchmal. was sehr viel Schwung bringt, mit einer Polonaise durch den Saal endet. Nun werden die Totalermatteten aktiviert. Für den weiteren Abend mit allerlei Spielchen und Zeitvertreib haben entweder das alte Kollegium vorgesorgt oder der Wirt, doch häufig kommen aus dem Kreise der Teilnehmer die besten Ideen.

Man sollte sich allerdings hüten, einen Kohlabend total zu verplanen.

Mindestens einmal sollte der neue König eine Lokalrunde spendieren. Man muß keine Sorge haben, daß so etwas in eine maßlose Zecherei ausartet. Das ausgiebige Grünkohlessen hat allen eine ausreichende Grundlage gegeben für einen schönen Ablauf. Die nun aufgelockerte Stimmung vermischt sich mit dem verbliebenen Duft des Grünkohls, der inzwischen abgeräumt ist. Aber die Erinnerung an Grünkohl und Geselligkeit bleiben noch lange im Sinn. Im Rahmen der Phase nach dem Essen kann man auch noch die Sieger der sportlichen Aktivitäten von der eigentlichen Wanderung extra ehren.

Vom Kohl und mit dem Kohl
Die Grünkohlrede

„Ein voller Bauch redet nicht gern." wollen wir eine häufige Redewendung einmal abwandeln. Denn ganz ohne eine Ansprache geht es nun einmal nicht beim Kohlessen.

Es wird unterschiedlich gehandhabt, wann das alte Königspaar die Abschiedsrede hält. Manchmal beginnt man das Essen mit ein paar Worten über das vergangene Regentenjahr, vielleicht auch mit einigen Gedanken über die letzte Kohlfahrt und einigen ganz persönlichen Erkenntnissen zum Kohl im allgemeinen und über den Kohl in der Welt. Man darf ruhig anklingen lassen, daß man ja schließlich dank der großen Güte mit der damaligen Wahl zum Kohlkönig zur Organisation „verdonnert" wurde und sich jetzt so ganz und gar Pleite sieht. Entlohnt werde man aber immer wieder durch die fröhlichen Gesichter und den ungeheuren Kohl-Dampf in den Augen seines Kohl-Volks.

Im Zeichen der Emanzipation sollte man klug darauf bedacht sein, der Königin standesgemäß das Wort zu überlassen. Für eine Kohlkönigin ziert es sich nicht, sich hinter den Worten des Königs zu verkriechen.

Diese Rede des bisherigen Regentenpaares kann man auch ans Ende des Kohlessens legen, kurz bevor das neue Paar inthronisiert werden soll. In diesem Fall sollten es aber nur ganz kurze Worte sein. Doch machen Sie es nicht nur mit dem „Prost", sondern verabschieden Sie sich mit ein paar launigen Worten vom Volk und spinnen ganz kurz noch einige Fäden zu aktuellen Themen.

Bei einer Kohlrede darf man selbstverständlich seine Untertanen verkohlen, doch sollte so etwas mit sehr sanften Worten und viel Gefühl geschehen. Meistens jedoch, von der Last des genossenen Kohls beschwert, auf den Tisch gestützt, vom Genuß des Grünkohls mit den wohlschmeckenden Beilagen sowie dem zwischendurch genossenen Alkohol zur Gemütlichkeit verdammt, bleibt es aber bei recht oberflächlichen Betrachtungen. Besser ist es auf jeden Fall, ein klein wenig Geist in seine Worte zu bringen.

Zwischen den Absätzen seiner Rede ermutigt man seine zuhörenden Untertanen stets zum Mittrinken eines klaren Korns! Anschließend aber schreitet der bisherige Regent zur Ausrufung und Krönung des neuen Königspaares. Das geschieht häufig aber auch durch das Kurfürsten-Kollegium oder den Wirt. Das ist der eigentliche Höhepunkt der Kohlfahrt und sollte recht feierlich zelebriert werden.

Die neuen Regenten bekommen jetzt den Kohlorden, auch Freßorden genannt, umgehängt. Natürlich gehört es dazu, daß man jetzt die Kohlkönigskrone aufs Haupt der neuen Regenten setzt. Als Zepter bekommt der König nun einen mit Silberfolie umwickelten Kohlstrunk überreicht.

Nun sind die neuen Regenten dran, ihre Rede zu halten. Da die Auserwählten kaum vorbereitet sind, reichen hier wenige Worte. Allerdings sollte man weder betriebliche und schon gar keine politischen Themen anschneiden. So etwas paßt besser zum individuellen Gespräch beim eigentlichen Essen, schließlich schenkt der Kohl immer eine ganz neue Sicht der Werte im Leben!

Hier nun noch ein paar Tips zum Inhalt und der Gestaltung einer guten Kohlrede:

Am besten berichtet man zunächst über das „Wesen und Sein des grüne Kohls bei der momentanen Wetterlage". Dabei gibt es gute Gelegenheit, den Kohl mit den verwirrend schlanken Formen der anwesenden Damen zu vergleichen, wobei man auf die hübschen Köpfe mit den gekrausten Schöpfen hinweist. Man kann auch durchklingen lassen, daß hinter mancher kohlkrausen Stirn viele liebevolle Gedanken mitschwingen, aber daß man von außen diese Werte nicht richtig beurteilt hat wie eben beim schlichten grünen Kohlkopf.

Irgendwie kann man immer einen Faden spannen vom wohlschmeckenden Kohl zur wohlriechenden Pinkel. Wieder darf man tiefsinnig davon reden, daß Äußerlichkeiten und Namen nichts aussagen, daß eben der innere Wert zählt und sonst nichts. Vielleicht sollte man auch von Gegensätzen im Alltag berichten, eben wie bei Kohl und Pinkel, die sich aber letztendlich zu einem wundervollen Ergebnis vereinen können.

Schließlich kann man auch von der Mühe des Kohlanbaus berichten, wobei der Bericht stets dort endet, wo man sich mit

seinen Mitmenschen über den zubereiteten Grünkohl hermacht, wohl lobend die Kochkünste der Hausfrau oder Frau Wirtin.
Ganz Tiefsinnige weisen vielleicht noch auf die lauschigen Plätze unter den weiten Kohlköpfen hin und berichten von wunderbaren und zärtlichen Erlebnissen unter diesem Blätterdach. Doch stets muß eine Rede liebevoll bleiben und darf in den Betrachtungen auf keinen Fall unter die Gürtellinie gehen. Auch sollte man die wenigen, die kaum vom Grünkohl gegessen haben oder ihn doch noch bemäkeln, gar nicht erst erwähnen.
In der Kohlzeitung sind kleine, aber wohlbedachte Spitzen gegen einzelne Teilnehmer erlaubt, dürfen jedoch niemals einen herabsetzenden Charakter haben. Nicht vergessen sollte man die sportlichen Anstrengungen während der Wanderung. Gerade hier findet man übrigens viele nette Anknüpfungspunkte für weiteren Ansporn und den Kampfgeist im privaten und beruflichen Leben der Kohlesser!
Der gute Kohlredner bedankt sich bei seinen Zuhörern mit dem Hinweis, daß er die Ehre der Wahl zum Kohlkönig gebührend honorieren werde. Dazu gehört zunächst einmal das Zuprosten auf ein weiteres fröhliches Beisammensein.
Kohlreden müssen von Grund auf fröhlich sein, aber keine Karnevalsbüttenreden. Sie sollten gehaltvoll sein, eben wie das eigentliche Grünkohlessen. Ein Kohlkönig protzt nicht mit seinem Eßvermögen. Aber sagen darf man: „... ich konnte nicht anders, bei einem so guten Kohl mußte ich einfach genießen!"
Abschließend sei noch einmal in Erinnerung gerufen, was der erste deutsche Bundespräsident Professor Theodor Heuss am Schluß seiner Kohlrede sagte: „Man muß im täglichen Leben gegen den menschlichen Ernst ankämpfen. Dieser stört gar oft die wohlwollende Beziehung von Mensch zu Mensch!"

Und ein bißchen Geschichte hat der Grünkohl auch Schon die alten Griechen wußten ...

Da steht er vor uns, noch dampfend heiß, verbreitend seinen herben wohligen Duft. Dazu gesellen sich die köstliche Zutaten von Pinkel und Kochwurst, Kasseler und Speck und als Krönung Kartoffeln, und all das aus heimatlicher Produktion!
Das Wasser läuft einem zusammen und man denkt nur noch an eines, eben an das Essen. Doch vorher wollen wir noch schnell etwas über die Geschichte dieses Gemüses hören.
Wir Deutschen haben ja meistens die Eigenart, zunächst einmal bei den Römern zu suchen, weil diese eben eine hochstehende Kultur hatten. Zeugnisse aus der Germanenzeit über unseren Grünkohl gibt es kaum. Aber bei den alten Griechen wollen wir uns zunächst einmal kundig machen.
Nach der griechischen Sage ist der Kohl aus den Tränen des Lykurgos gesprossen, die dieser vergoß, als er von Dionysos geblendet und zerrissen wurde. In der Antike war Kohl ein weit verbreitetes Mahl. Es hatte auch in der frühen griechischen und römischen Medizin seinen Platz.
Der Römer Cato war vom Kohl so angetan, daß er ein Loblied darauf sang. Kohl wurde schon systematisch angebaut. Wer im römischen Reich über große Mengen Kohl verfügen konnte, galt als reicher Mann.
Man ist der Meinung, der Kohl sei aus der Mittelmeergegend in die nordeuropäischen Gefilde gelangt. Doch Wissenschaftler sind inzwischen überzeugt, daß der Grünkohl vom Wilden Meerkohl abstammt. Dieser wächst in den Regionen bis zum hohen Atlantik und wurde schon früher von den Bewohnern Englands und Dänemarks als willkommene Nahrungsmittel-Ergänzung geschätzt und sogar angebaut. In Island gilt der Meerkohl auch heute noch als Spezialität. In unserem nördlichen Gebiet entfaltete sich der heutige Grünkohl geradezu und wurde besonders in der ansonsten nahrungsarmen Winterzeit zu einem wichtigen Gemüse. Man kannte noch keine Gefrierkonservierung o. ä. Hinzu kam, daß der Kohl im Anbau fast pflegearm war und gut geeignet für den Zweitanbau. Man konnte nach Bedarf von draußen ernten, und das sogar noch

bei Schnee und Eis. So wurde der Kohl zu einer wichtigen und selbstverständlichen Nahrung in den kühleren norddeutschen Gebieten. Von Nordeuropa nahmen Auswanderer den Kohlanbau mit in den Südwesten der Vereinigten Staaten. Die Römer wiederum haben ihn in die nordafrikanischen Gebiete gebracht. Vom mittelalterlichen Mittagstisch war der Kohl kaum wegzudenken. In manchen Klosteraufzeichnungen findet man etwas über den Anbau des Grünkohls.

In den alten mittelalterlichen Städten gab es große Kohlmärkte.

So erinnert der Kohlhöker-Markt in der Hansestadt Bremen noch am diese Zeit. Damals trugen viele kleine Bauern ihren Kohl hier zum Markt. Wo es möglich war und man einen Garten sein eigen nannte, gehörte der Kohlanbau einfach dazu. Doch der Kohl war beileibe nicht das Essen für arme Leute, wie immer wieder zu hören ist. Aus den Geschichtsanalen ist ein Brief des Brabanter Gelehrten Justus Lipsius von 1586 bekannt, der damals geradezu entrüstet vom Grünkohlessen in Oldenburg berichtete:

„Die Speisen, kaum menschlich! Dicker Speck, roh dazu! Da kommt der zweite Gang, die Hauptschüssel, eine ungeheure Kumme voll braunen Kohls. Einen Finger breit darüber her fließt die Brühe von Schweinefett. Und diese Menschen hier essen dieses nicht, sie verschlingen es geradezu! Mich ekelt es an!"

In Bremen auf dem bekannten Schaffermahl war der Braunkohl die Hauptspeise. Nur statt der Kartoffeln wurden hier Maronen gereicht. Das war in höheren Kreisen damals üblich. Bei diesem Schaffermahl, seit 1545 begangen, verabschieden sich die Kapitäne von den Kaufleuten. Heute sind es die Wirtschaftskapitäne, doch die Hauptspeise ist seit altersher unverändert.

Auch bei der Bremer Eiswette, wobei es darum ging, ob die Leser im Winter vereist, also zu ist oder frei sprich offen sei, war der Wettgewinn ein „köstlicher Kohl".

Wir dürfen also mit Stolz feststellen, daß der Grünkohl schon seit Generationen bekannt ist. So weiß man auch vom damaligen Landesherrn des ehemals selbständigen Oldenburgs, daß seine Durchlaucht Peter Friedrich Ludwig mit dem Schlitten

auf Landtour ging und hier den „langen Kohl" zu speisen wünschte. Schon damals reichte man dazu geräuchertes Rindfleisch, Wurst und Schweinskopf. Das einfache Volk baute den Kohl im eigenen Garten an. Die normalen Leute aßen aber weniger fett. Die besondere Wurst streckte man mangels großer Fleischmengen Hafergrütze und fügte Speckwürfel hinzu. Das alles stopfte man in den Pinkeldarm, der bei der damals üblichen Hausschlachterei sowieso anfiel. Um diese Wurst haltbar zu machen, wurde sie geräuchert, damals besonders mit Buchenholz oder Weißtorf. Daraus wurde die heute wichtigste Beilage zum Grünkohl.
Mitte des 19. Jahrhunderts begannen zunächst Turnvereine mit ausgedehnten Kohlfahrten. Hierbei war vor allem die stramme und lange Fußwanderung ein Muß. Man kombinierte diese Wanderungen häufig mit den Boßelübungen. Boßeln ist ein alter norddeutscher Sport. Doch der Höhepunkt war jedesmal das eigentliche Grünkohl-Essen. Damals entwickelte sich auch der Brauch, denjenigen, der den größten Appetit vorweisen konnte, zum Kohlkönig zu ernennen. Bis heute sind sich Ostfriesen, Bremer und Oldenburger nicht einig, wer auf eine längere Grünkohl-Tradition zurückblicken kann.
Aber jedes Jahr, wenn es wieder kalt wird, früher galt der Buß- und Bettag als Stichtag, da heißt es überall wieder: „Auf zur Grünkohlfahrt und guten Appetit beim grünen oder braunen Kohl"!

Allerlei Zeitvertreib
Bewegung und Spiel nach dem Essen

Der Kohl ist genossen. Nun macht sich ein wenig genüßliche Faulheit breit. Doch jetzt bringt das neue Kohlkönigspaar wieder Schwung in die Gesellschaft. Entweder beginnt es mit dem Ehrentanz, der heute nicht mehr unbedingt ein Walzer sein muß. Es darf auch etwas moderner sein, schließlich ist auch das Kohlessen weiterhin auf der Höhe der Zeit. Auch in der Abfolge sollte alles etwas ungezwungener sein, zumal häufig die Tanzstunden-Schritte längst aus der Übung sind. Und zum Problem kann es werden, wenn es bei der Königswürde absolute Nichttänzer trifft. Doch hier kann man schnell helfen, indem viele Paare sofort mit in den Tanz gehen und dann nicht unbedingt preiswürdige Tanzschritte demonstrieren. Noch besser ist die Eröffnung des Tanzes nach dem Essen mit einer Polonaise, wobei man leicht alle Teilnehmer einbeziehen kann. Und bitte beachten: Tanzphasen sollten nie zu lang sein, höchstens drei Tänze hintereinander. Schließlich braucht man nach dem Essen auch einmal Ruhe, und wenn es lediglich an der Theke ist!

Das Verlesen der Kohlzeitung sollte nicht ewig lange dauern. Wenn nicht schon während des Essens geschehen, kann man zwischen den Tänzen eventuell einige fröhliche Passagen vortragen. Auf keinen Fall darf man nach dem Essen erwarten, daß die Menschen nun stundenlang zuhören werden.

Angezeigt ist besser ein Mitmachen. Dazu sollte sich das Fest-Kommitee einige spaßige Spiele einfallen lassen. Es empfiehlt sich, einfache Geschicklichkeitsspiele zu zelebrieren, aber keine Wissens-Ermittlungen! Dabei darf man ruhig auch einmal Spiele aus der Kinderwelt abwandeln. So kann man aus dem bekannten Wasser- oder Eiertragen zum Beispiel ein „Korntragen" mit dem Zinnlöffel machen. Dazu bildet man zwei Gruppen. Jede dieser Gruppen soll nun eine Flasche Korn mittels Zinnlöffel vom einen zum anderen Ende des Saales schaffen und dabei den Inhalt zum Trinken in der Gruppe verteilen. Derjenige, der den letzten Löffel geschluckt hat, rennt und holt den nächsten Löffel. In den Flaschen sollte gleich viel sein, aber höchstens zu einem Viertel gefüllt.

Beim „Kugelschreiberspiel" bekommen zwei Teilnehmer einen Kugelschreiber um den Bauch gebunden, wobei das Schreibutensil nach hinten zeigt. Nun soll jeder versuchen, mit der Minenspitze in eine bereitstehende Flasche zu treffen.

Das „Auf-einem Bein-Hüpfen" ist weiterhin ein gerngeübtes Spiel und muß nicht groß erklärt werden. Beim Preis für das gelungene Hüpfen kann man sich allerdings noch lustige Ideen einfallen lassen.

Beim „Flaschen-Parcour" werden den Teilnehmern die Augen verbunden und nun sollen sie blind durch eine von Flaschen

markierte Straße laufen, an deren Ende der nächste Teilnehmer blind wartet. Man sollte immer bemüht sein, Mann und Frau abwechselnd spielen zu lassen.
Beim „Nagelschlagen" geht es darum, mit möglichst wenigen Schlägen einen Nagel in einen Balken zu schlagen, wobei man sowohl die wenigsten Schläge als auch jeden krummen Nagel belohnen kann.
Das „Strümpfestopfen" kann zur großen Erheiterung beitragen, zumal die Handarbeits-Fertigkeit insgesamt doch ziemlich rapide nachgelassen hat.
Beim „Wörter-Spiel" wird eine kurze Geschichte, deren Inhalt am Anfang mit vier bis fünf Sätzen festgelegt ist, flüsternd an den Nachbarn weitergegeben, und das über etwa zehn Personen. Sie werden überrascht sein, wie sich das Original vom Übertragenen unterscheidet.
Etwas sportlicher geht es zu, wenn man mittels einer Stange die körperliche Fitneß der Teilnehmer ermittelt. Zwei Personen halten eine Stange, die nach jedem Durchgang ein wenig weiter gesenkt wird. Aufgabe der Teilnehmer ist es nun, unter dieser Stange hindurch zu gelangen, ohne es auf dem Bauch kriechend zu machen. Daß man es jedoch auf dem Rükken liegend machen darf, sagt man erst zuletzt.
Das „Tischtennisspiel" verlangt Geschicklichkeit. Daran können gleichzeitig viele Leute teilnehmen. Dabei gilt es, vom Rande des Raumes einen Tischtennisball so zu werfen, daß dieser in eine Schale fällt, die in der Mitte des Raumes steht. Der Ball muß jedoch auch in der Schale liegenbleiben.
Beim „Verschenken" soll ein sehr großer Ball oder Luftballon mit einer Kompliment-Begründung an einen beliebigen Gast im Saal weitergereicht werden. Die Komplimente dürfen sich aber nicht wiederholen. (Beispiel: Ich schenke dir den Ball, weil du immer so lieb lächelst!)
Das „Riech-Spiel" stellt Anforderungen an den Geruchssinn der Teilnehmer. Dazu verbindet man den Menschen die Augen und erklärt vorher, daß auf einem vor ihnen stehenden Tisch fünf Gerüche zu definieren sind. Die Hände dürfen nicht benutzt werden. Der Teilnehmer muß vorher seine Schuhe ausziehen. Ohne daß der Teilnehmer es erfährt, legt man auf den einen

Platz am Tisch den eigenen Schuh zum Identifizieren des Geruchs. Dazu kommen fünf andere Gerüche, was neben einem Kohlblatt noch eine Prise Pfeffer, eine Pinkel, ein gefülltes Schnapsglas, ein Damenschal und ein leerer Teller sein können. Der Teilnehmer soll die Gerüche zuordnen und laut erklären.
Bei der „Auto-Rallye" verwendet man zwei Spielzeugautos, die von zwei teilnehmenden Gästen mit „Motorgeräuschen" durch den Saal geschoben werden sollen. Gewonnen hat derjenige, der am schnellsten und lautesten am Ziel ist. Bei diesem Spiel gibt es fast immer zwei Sieger!
Es gäbe noch viele Spiele-Varianten. Am besten sind stets die, die aus dem Stegreif geboren werden. Aber in manchem Gast sitzt ein Spieltalent, das man ruhig einmal fordern sollte.
Bei allen Spielen besteht jedoch auch immer die Gefahr, daß sie zu kindlich-abstoßend wirken, den Teilnehmer lächerlich machen. Bieten Sie an einem Kohlessen-Abend nicht laufend Spiele an, aber lassen Sie auch keine weiteren Reden zu. Die guten Kohlesser gebrauchen Bewegung beim Tanz und ganz gewiß zwischendurch Zeit zum Klönen!

Am besten schmeckt der Grünkohl daheim ...
Eine kleine Auswahl an Kohlrezepten von früher und heute ganz aktuell!

Probieren Sie's doch mal und kochen Ihren Grünkohl daheim ...

Allein schmeckt der Grünkohl nur halb so gut, deshalb findet man auch stets nur Rezepte für mindestens 4 Personen. Aber schließlich muß man ja auch aus den Reihen der Mitessenden einen Kohlkönig küren können, und das macht mit weniger Teilnehmern kaum Spaß!
Wer daheim seinen Grünkohl noch aus dem eigenen Garten erntet, der weiß, daß man die grünen Blätter am besten erst nach dem ersten Frost und Rauhreif erntet. Die kleinen Stammsprossen sind dabei die größte Delikatesse. Die Blätter löst man von den Rippen ab, wäscht sie ein paar Male und läßt

den Kohl zunächst gut abtropfen. Danach wird der Grünkohl mit kochendem Wasser überbrüht und grob gehackt. Man kann ihn aber auch schon vor dem Überbrühen klein hacken oder rupfen. Schon beim Überbrühen entwickelt er den typisch herben Duft, der dem Grünkohl bei richtiger Zubereitung bis zum Genuß bleibt!
Heute kann man den fertig vorbereiteten Grünkohl auch in Dosen oder als Tiefkühlkost fertig kaufen, was gern von Menschen genutzt wird, die fernab der Norddeutschen Tiefebene wohnen und sich doch in den Geschmack des Grünkohls verliebt haben.
Für 4 Personen benötigt man ca. 1,5 kg Grünkohl. Dazu braucht man etwas Schmalz (2-3 Eßlöffel), mindestens 6 Kochwürste, ebenso viele Pinkel, dazu etwa 1/2 Pfund geräucherten, gestreiften Speck, für jeden Gast eine Scheibe Kasseler, dann einen Teelöffel Salz, etwas Pfeffer, eine gute Portion feingehackter Zwiebeln, wobei Einheimische der etwas schärferen Schalotte den Vorzug geben. Zu all dem kommt eine Prise Zucker und als Abrundung benötigt man noch mindestens zwei Eßlöffel Hafergrütze. Manche verwenden statt der Grütze auch Haferflocken, wobei es wohl bei beiden darauf ankommt, den Kohl richtig sämig zu machen.
Die Zwiebeln werden im heißen Schmalz angedünstet, aber auf keinen Fall gebräunt. Wieder andere geben die Zwiebeln erst beim eigentlichen Kochvorgang zum Grünkohl.
Nun schichtet man abwechselnd Grünkohl, Grütze und die notwendigen Gewürze in einen Topf. Einige geben noch etwas Brühe hinzu, aber der Kohl entwickelt selbst normalerweise genügend Eigensaft. Nun wird das Ganze etwa 10-15 Minuten gekocht und danach gut durchgeschüttet oder stramm gerührt, damit sich die Zutaten besser verteilen. Danach gibt man Kasseler und Speck zum Kohl und läßt alles gut 2-3 Stunden vor sich hinschmoren, aber nicht tüchtig kochen, dann verlöre der Kohl zuviel von seinem Eigengeschmack.
Pinkel und Kochwurst haben ein zartes Gemüt und dürfen erst im letzten Drittel des Garvorganges beigefügt werden, damit sie nicht zerplatzen. Dann verlieren sie ihren unnachahmlichen Geschmack.

Ist alles gar, nimmt man die Fleischbeigaben wieder heraus und serviert diese separat heiß auf einem Zusatzteller.
Der Grünkohl muß zum Abschluß noch einmal mit Salz, Zucker und ggf. einigen Gewürzen abgeschmeckt werden, wobei die Gewürze auf keinen Fall den leicht herben Geschmack des Grünkohls überlagern dürfen. Früher gab es für die Hausfrau eine Regel: Solange der Kohl noch im Topf gart, muß über dem eigentlichen Kohl eine Fettschicht stehen, damit nicht zuviel vom besonderen Geschmack verdampft.
Übrigens noch ein Tip für alle, denen die Mengen viel zu groß vorkommen: Fertig zubereiteten Grünkohl kann man allerbestens wieder einfrieren. Aufgewärmt schmeckt er manchmal sogar noch besser, besonders dann, wenn man dabei in Erinnerung an eine schöne Kohlfahrt schwelgen kann. Eine kleine, lediglich private Kohlfahrt kann ungeheuer amüsant sein! Aber es bleibt dabei: Grünkohl schmeckt am besten in fröhlicher Kohlrunde.

Grünkohl zubereiten von Anfang an ...

Ollnborger Gröönkohl, das Grundrezept

Für 4 Personen:
1,5 kg Grünkohl
2-3 Eßlöffel Schmalz
4-6 Kochwürste
4-6 Pinkel
250 gr. geräucherter, gestreifter Speck
4 Scheiben Kasseler
1 Teelöffel Salz
1 Teelöffel gestoßener Pfeffer
4 Eßlöffel feingehackte Zwiebeln
1 Prise Zucker
2 Eßlöffel Hafergrütze
und Fleischbrühe

Bei frischem Kohl die Blätter von den Rippen lösen (Nur die Blätter werden verarbeitet). Gründlich waschen und abtropfen lassen, danach mit kochendem Wasser abbrühen. Nun erst grob gekocht. Bei Grünkohl aus Dosen oder Tiefkühlkost kann man sich die Arbeit bis hier sparen.
Zwiebeln in heißem Fett andünsten.
Nun schichtet man in den Topf: Grünkohl, Hafergrütze, Gewürze beifügen, etwas Brühe dazu geben.
10 Minuten kochen lassen, gut durchschütteln oder besser rühren, nun Kasseler und Speck dazugeben.
Danach fest zugedeckt 2-3 Stunden sanft schmoren lassen. Pinkel und Kochwurst erst im letzten Drittel des Kochprozesses beifügen.
Wenn nun der Grünkohl gar ist, Fleisch und Wurst wieder herausnehmen und separat auf einem Teller servieren.
Den Grünkohl noch einmal abschmecken.
Dazu reicht man in Oldenburg Salzkartoffeln oder Bratkartoffeln.
So stand es in Großmutters handgeschriebenem Kochbüchlein.

Hier ein Rezept aus dem 1. Weltkrieg:

Rübenkohl

Grünkohl mit Kohlrabi und Steckrüben:
Den Grünkohl waschen, kochen grob verhacken, dazu in Scheiben geschnitten Kohlrabi und/oder Steckrüben, mit Salzwasser abgewellt geben.
Das alles mit Fett, Salz, Pfeffer und Brühe weichkochen. Verfeinern mit Zucker oder Zwiebeln, feingehackt, mit Mehl binden, daß es sämig wird.
Dazu schmecken gekochte Salzkartoffeln.

Im Kochbuch „Gut gekocht und doch gespart" von Elisabeth Schuler aus dem Jahre 1959 aus Stuttgart findet man:

Grünkohl mit Kasseler Rippenspeer

Für 4 Personen: 500 gr Kasseler Rippenspeer
1 kg Grünkohl
2 Eßlöffel Fett
1 Zwiebel
Salz und Pfeffer
2 Eßlöffel Mehl
Den Kohl zurichten, waschen und fein schneiden.
In einem Topf das Fett zergehen lassen,
das Fleisch und die grobgeschnittene Zwiebel
dazu anbraten.
Das Gemüse, etwas Wasser und die Gewürze
zugeben und etwa eine Stunde gar kochen.
Das Mehl darüberstäuben, und wenn nötig,
noch etwas Wasser dazu.

In dem Buch „Das schmeckt so gut in Deutschland" von Lilo Aureden aus dem Heyne-Verlag, München von 1966 findet man:

Braunkohl mit Pinkel

Braunkohl ist Grünkohl. Nach dem ersten Frost schmeckt er am besten. Pinkel ist eine Grützwurst aus Speck, Hafergrütze, Zwiebel, Pfeffer und Salz, leicht geräuchert.
Drei Pfund Grünkohl putzen, Rippen entfernen, die Blätter waschen, mit kochendem Wasser übergießen, im Sieb abtropfen lassen. Danach fein hacken oder durch die Maschine drehen.
In einer Kasserolle 150 Gramm kleine Schinkenspeckwürfel mit zwei Eßlöffel Schweineschmalz anbraten.
Ein Pfund in grobe Würfel geschnittenes Schweinefleisch hinzufügen, anschwitzen lassen, mehrmals durchrühren.
Den Grünkohl untermischen, im zugedeckten Topf bei kleiner Flamme etwa 20 Minuten dünsten. Eine Pinkel und eine Kochmettwurst einlegen. Nun den Topf in den vorgeheizten Ofen stellen und bei mäßiger Hitze etwa 30 Minuten schmoren lassen.
Oldenburger Kenner schwören auf frisches Fleisch, Bremer auf Casseler Rippenspeer. Sie sind dort die Finessen. In Hannover aber bleibt man bei der Brägenwurst aus Schweinehirn, Hafergrütze und Zwiebeln.
Frisch aus dem Topf servieren. Dazu Kartoffelbrei oder Dampfkartoffeln.

Im elektrischen Kochbuch, herausgegeben von der Berliner Licht- und Kraft AG Bewag 1975 findet man:

Grünkohl:

1,5 kg Grünkohl
3/8 l Wasser
Salz
40 Gramm Schmalz oder Bratfett
1 Prise Zimt
1 Prise Nelken

1 Teelöffel Zucker
nach Belieben 1 Teelöffel Senf
1 Zwiebel
3 Nelken
20 Gramm Haferflocken

Den Grünkohl verlesen und gründlich waschen, im Topf auf Stufe 3 ohne Wasser zusammenfallen lassen, hacken oder durch die Maschine drehen.
Zu dem Fett im Topf die Hälfte des Grünkohls und die mit Nelken gespickte Zwiebel geben, dann die Haferflocken.
Den Rest des Kohls mit dem Saft, Wasser,
Salz nachfüllen.
Ab dem Kochen auf Stufe 1 ca. ½ Stunde und nach 10 Minuten Nachwärme.
Mit den Gewürzen abschmecken und ggf. etwas Senf zufügen.
Eventuelle Veränderung: ½ Liter Wasser zum Kochen bringen, den grob gehackten Grünkohl, die gespickte Zwiebel und die Haferflocken zufügen und garen. Das Schmalz und die Gewürze erst zum Schluß zugeben!

Sprossenkohl

1 kg Sprossenkohl,
40 Gramm Schmalz
1 Zwiebel
3 Nelken
3/8 Liter Wasser
Salz
20 Gramm Haferflocken
1 Prise Zimt
1 Prise Nelken
1 Teelöffel Zucker
und nach Belieben Senf.
Zubereitung ansonsten wie beim vorstehenden
Grünkohl

Die AOK Ernährungsberatung hat folgendes Rezept angeboten:

Hirse-Grünkohl-Auflauf

200 Gramm Hirse
400 ml Gemüsebrühe
100 Gramm Zwiebeln
1 Knoblauchzehe
20 Gramm Sonnenblumenöl
800 Gramm Grünkohl
etwas Pfeffer, Liebstöckel, Petersilie
und Beifuß sowie Kräutersalz
80 Gramm saure Sahne, 10 % Fett
40 Gramm Emmentaler, 45 % Fett i. Tr.
Hirse in nicht ganz 400 ml Gemüsebrühe aufkochen
und bei kleiner Hitze ca. 20 Minuten ausquellen lassen.
Zwiebeln, Knoblauchzehe zerkleinern und in Öl anschwitzen.
Grünkohl in Streifen schneiden und mitdünsten.
Mit Gemüsebrühe auffallen und kräftig abschmecken.
Saure Sahne unterkehren,
Hirse und Gemüse nacheinander auf gefettetes Blech geben.
Emmentaler reiben und darüber streuen.
Im Heißluftofen bei 180 8C Hitze etwa 20 Minuten backen.

Im Begleitbuch „Kochen, Backen , Grillen mit dem Maybaum. Elektroherd" findet sich folgendes Rezept:

Grünkohl

2 kg Grünkohl, gründlich gewaschen
100 gr. Schmalz
125 gr. Mettwurst, würflig geschnitten
1 Zwiebel, geschält
1-2 Gewürznelken
knapp 1/2 l heißes Wasser
und zum Abschmecken:
Salz, Zucker und evtl. Mehl zum Bestäuben

In einen Topf auf der Kochplatte auf stärkster Stufe den Grünkohl hineingeben und zusammenfallen lassen. Kochplatte abschalten. Den Kohl auf einen Durchschlag zum Abtropfen geben, den Sud daraus aufbewahren. Den Kohl hacken oder durch den Fleischwolf drehen. In einem Topf auf der Kochplatte auf stärkster Stufe das Schmalz zergehen lassenden gehackten Grünkohl und die Zwiebel (mit zwei Nelken gespickt) und der Mettwurst einschichten und das heiße Wasser mit dem beim Abtropfen entstandenen Grünkohlsaft hinzufügen. Den Kohl zum Kochen bringen. Kochplatte auf schwache Stufe zurückschalten und den Kohl ca. 30 bis 45 Minuten gar kochen. Die Kochplatte abschalten, die Zwiebel mit den Nelken herausnehmen, den Kohl mit Salz und Zucker abschmecken. Falls sich zuviel Saft gebildet hat, mit etwas Mehl binden.

Das große Liebherr-Gefrierbuch von 1974 schenkt uns folgendes Rezept:

Grünkohl/Braunkohl, als Gefriergut sehr gut geeignet.
Von Blattrippen abstreifen, nicht dampfblanchieren.
Nach dem Blanchieren fein hacken und pürieren.
Verliert die Blähwirkung, 3 Minuten blanchieren.
12 Monate haltbar.
Wieder auftauen: Dünsten in wenig Fett und Wasser zwischendurch eventuell zerkleinern.
Etwa 30-40 Minuten Garzeit ab dem Kochpunkt.

Grünkohl-Rezepte aus Tageszeitungen

Grünkohl einmal anders: **Auf französische Art mit Sahne!**
Ein uraltes Kochbuch empfiehlt:
2 Kilo Grünkohl
1 große Zwiebel
125 Gramm Butter
geriebene Semmel
Salz

weißer Pfeffer
1/8 Liter süße Sahne

Nachdem der Kohl gebrüht ist, wird er unter Hinzugabe der Zwiebel fein gehackt. Dann werden Butter und geriebene Semmel zum Bündigkochen beigegeben.
Mit Salz und ein wenig weißem Pfeffer kocht er dann ziemlich ein und wird bis zur völligen Fertigstellung mit süßer Sahne übergosssen, die wiederum ziemlich eindämpfen muß. Er wird mit gedämpften Kastanien (Eßkastanien) garniert und mit kleinen Fleischstücken gereicht.

Alt-Oldenburger Grünkohlgemüse mit Kastanienpüree

Eine überaus leckere Abwechslung im winterlichen Grünkohlfahrplan könnte das Alt-Oldenburger Grünkohlgemüse mit Kastanienpüree werden, gefunden im Internet auf der Web-Seite von www.bauernfrische.de. unter der Rubrik Rezepte.

Zutaten pro Person:
500 g Grünkohl brutto
1 große Zwiebel
1 EL Butter oder Schweineschmalz
ein Schuss trockener Weißwein
Gemüsebrühe
Salz
Pfeffer
Piment oder Muskat

Zubereitung:
Zwiebel grob hacken und im Fett anschwitzen, den abgestreiften und gut gewaschenen Grünkohl zugeben und zusammenfallen lassen. Mit etwas Wein auffüllen, Gemüsebrühewürfel oder –pulver zugeben und leise kochen, bei Bedarf noch Flüssigkeit nachgießen. Nach einer Stunde salzen, pfeffern und mit Piment würzen. Nochmals 30 Minuten köcheln lassen, fertig.
Wer das Gemüse gerne angedickt mag, reibt kurz vor Ende 1 bis

2 rohe Kartoffeln in den Grünkohl. Man kann auch die letzte halbe Stunde eine Handvoll
ganze Haferkörner mit kochen, die man zuvor einige Stunden eingeweicht hat.
Für das Kastanienpüree benötigt man pro Person:
250 g Esskastanien in der Schale – vielleicht sogar
aus dem eigenen Garten oder vom Nachbarn
ca 0,1 L Gemüsebrühe
1 TL Butter
etwas Mehl
etwas Sahne
etwas roter Dessertwein (Madeira oder Marsala)
Salz und Zucker.

Zubereitung:
Von den Kastanien die Spitze abschneiden und in
Wasser solange kochen, bis Schale und Haut abgezogen werden können – das dauert je nach Kastanien unterschiedlich lange. (Wer sich das Schälen sparen möchte, nimmt vorbereitete Kastanien, die es in Dosen oder –in Folie eingeschweißt – in der Obst- und Gemüseabteilung gibt.
Anschließend in der Gemüsebrühe ganz weich kochen und musen. In einem Topf aus Mehl und Butter eine Schwitze herstellen, Kastanienmus und Sahne dazugeben und auf der heißen Platte so lange rühren, bis die Masse kocht.
Vom Feuer nehmen, Salz, Zucker und Dessertwein nach Geschmack unterziehen – eine vollendete Ergänzung zum Grünkohl!

Aus dem „Illustrierten Kochbuch" von Mary Hahn, 1913

748. Grünkohl, Kraus- oder Braunkohl

Der Kohl schmeckt am besten, wenn er gut durchgefroren ist. Er wird von den Stielen gestreift, sauber
gewaschen, in reichlichem kochenden Wasser 5 Min. gebrüht,

in kaltem Wasser gekühlt, ausgedrückt, gehackt, mit einem Stück feingehacktem Weißkraut vermischt und mit Fleischbrühe und Gänse- oder Schweinefett weich und ziemlich kurz eingekocht. Dann stäubt man ein wenig Mehl, Zucker und das etwa noch fehlende Salz darüber und läßt es noch ein Weilchen schmoren. Beim Anrichten umkränzt man es mit gedämpften Kastanien oder kleinen roh gebratenen ganzen Kartoffel. Gänse- und Schweinebraten, Bratwurst, Schinken, Zunge sind passende Beilagen, auch Hammelbraten, dessen Sauce man über den Kohl gießt, wodurch er sehr gut schmeckt.

749. Ungehackter Grünkohl

Der Kohl wird nach voriger Nummer vorbereitet aber nicht gehackt und auf dieselbe Weise gekocht und angerichtet.

Dr. Oetker Schul-Kochbuch von 1920

Grünkohl

1 kg Grünkohl
40 g Schweinefett oder Gänseschmalz
1/2 Zwiebel
10 g Salz
1/2 l Wasser oder Brühe
1 Pr. Pfeffer
400 g Mettwurst

Der Grünkohl wird verlesen, von den groben Stielen befreit und gründlich gewaschen. Man dämpft ihn im Topf mit wenig Wasser, damit er zusammenfällt und wiegt ihn grob oder fein, je nach Geschmack. In dem heißen Fett läßt man die feingeschnittene Zwiebel schwitzen, gibt den Kohl, die Brühe und Salz nach Geschmack hinzu und läßt den Kohl 1 1/2 - 2 Std. dämpfen. Kurz vor dem Anrichten gibt man die Prise Pfeffer und evtl. ein Stückchen Butter hinzu. Wer den etwas strengen Geschmack des Grünkohls nicht liebt, kann ihn mit 1 l Wasser und 1 Eßl. Salz kurz abwellen, anstatt ihn im eigenen Saft zu dämpfen.

Dr. Oetker Schulkochbuch von 1920:

Gehackter Grünkohl
Grünkohl kann auch gehackt werden und mit 1-2 Eßl. Hafergrütze, die man nach dem Kochen nicht mehr sieht, oder einer Mehlzugabe gebunden werden.
Wer viel Kohl hat, nimmt zur ersten Vorschrift die zarten und zu dieser die großen Blätter.

Sprossenkohl
Die Stiele des Grünkohls, welche nach dem Abschneiden der Krone im Lande stehen bleiben, wachsen im Frühjahr aus. Die Sprossen kommen unter dem Namen Sprossenkohl in den Handel.
Man bindet die Sprossen zusammen, nachdem man sie verlesen und gewaschen hat, dämpft man sie oder kocht sie in Salzwasser in 1 Std. weich und richtet sie mit einer Soße (siehe Soße zu Blumenkohl) an.

„Das Kochbuch aus Ostfriesland" v.W. Hölker

„Kool" – Grönkohl
„Gröhnkohl" ist zur Winterzeit, wenn die ersten Nachtfröste über das Land gezogen sind, eines der beliebtesten Essen in Ostfriesland. Jeder Verein, jeder Kegelklub wählt seinen Grünkohl-König. Man trifft sich zu einem geselligen Beisammensein, oft nach einer kleinen Wanderung, und erfreut sich an diesem deftigen Essen. Wer am längsten ißt, wird König. Zur Freude aller Beteiligten wird ihm der Palmzweig, ein mit Silberpapier umwickelter Kohlstrunk, überreicht, an welchem eine Flasche Klarer befestigt ist.
Beter 'nen Strunk im Kool as garkeen Wurst!
Zutaten:
2,5 kg Grönkohl, 6 Eßl. Hafergrütze,
100 g Schmalz, 1 Teel. Zucker, Salz, 3 Zwiebeln,
1/4 - 1/2 l Wasser, 500 g Rippchen oder Bauchspeck,
500 g Pinkelwurst, 500 g Kassler

Der „Kool" wird von den Stielen und Strünken befreit und mehrmals gründlich gewaschen. Dann läßt man ihn 5 Minuten in kochendem Salzwasser überwallen. Hiernach wird er tüchtig ausgedrückt und auf einem Brett kleingeschnitten. Das Schmalz wird im Topf zerlassen und die kleingeschnittenen Zwiebeln darin angeröstet. Der Kohl wird dazugegeben und kurz mitgeröstet. Danach salzen und mit Wasser auffüllen! Speck, Kassler und Hafergrütze kommen nun dazu, und das Gericht muß jetzt ca. 1 bis 1,5 Std. dünsten. In der letzten halben Stunde kommt die Mettwurst mit dazu. Vor dem Servieren schmeckt man noch einmal mit Salz und Pfeffer ab.
Zu diesem Essen passen gut „Lütje Tuffels"

Grünkohlsuppe

300 g Grünkohl,
40 g geräucherter Speck,
30 g Butter,
Salz, Pfeffer,
1 Prise geriebene Muskatnuß,
1 Prise Zucker,
1 Messerspitze Oregano,
1 l heiße Fleischbrühe aus Würfeln,
20 g Mehl,
3 Eßlöffel Sahne (60 g),
100 g geräucherter Schinken.

Grünkohl von den groben Rippen streifen. Waschen. Auf einem Sieb abtropfen lassen. Fein hacken. Geräucherten Speck in kleine Würfel schneiden. In einem breiten Topf glasig werden lassen. Butter dazugeben und erhitzen. Grünkohl reingeben. Unter vorsichtigem Rühren 5 Minuten durchbraten. Mit Salz, Pfeffer, Muskat, Zucker und Oregano würzen. Heiße Fleischbrühe zugießen. 60 Minuten kochen. Mehl mit Sahne verquirlen. In die kochende Suppe rühren. Noch 7 Minuten unter Rühren kochen lassen. Abschmecken. Geräucherten Schinken in kleine Streifen schneiden. Vor dem Servieren in die Suppe streuen.

Vorbereitung: 35 Minuten
Zubereitung: 75 Minuten.
Etwa 355 Kalorien / 1486 Joule.
Wann reichen? Als Suppe vorweg, wenn es anschließend ein leichtes Essen gibt.

Moderne Grünkohl-Rezepte
aus: Kochen International, Lingen-Verl.

Grünkohl in Sahnesoße

Gronlangkaal
2000 g frischer oder 1000 g tiefgekühlter Grünkohl,
2 l Wasser, Salz.
Für die Soße:
40 g Butter oder Margarine,
40 g Mehl,
1/2 l heiße Fleischbrühe aus Würfeln,
Salz,
1/2 Teelöffel frisch gemahlener schwarzer Pfeffer,
1 Prise Zucker,
1/2 l Sahne.

Die Dänen haben ihre Vorliebe für Grünkohl mit den Norddeutschen gemeinsam. Aber in Dänemark bereitet man den Gronlangkaal gehackt und mit weißer Soße zu. So geht das:
Grünkohl von den Stielen abstreifen und in reichlich Wasser gründlich waschen. (Tiefgekühlten Kohl nach Vorschrift zubereiten.) Wasser mit Salz in einem Topf aufkochen. Grünkohl reingeben und in 60 Minuten gar kochen. Abtropfen lassen. Hacken.
Für die Soße Butter oder Margarine in einem Topf erhitzen. Mehl unter Rühren reingeben. Die heiße Fleischbrühe reingießen. 5 Minuten unter Rühren kochen lassen.
Grünkohl in die Soße geben. Mit Salz, Pfeffer und Zucker abschmecken. Vom Herd nehmen, Sahne reinrühren und servieren.

Vorbereitung: 30 Minuten.
Zubereitung: 70 Minuten.
Etwa 435 Kalorien / 1820 Joule.
Wozu reichen? Zu Schweinebraten oder zu Frikadellen mit Kartoffelpüree.

Grünkohl mit Eiern und Speck

2000 g frischer oder 1000 g tiefgekühlter Grünkohl
2 l Wasser, Salz,
100 g durchwachsener Speck,
2 Zwiebeln (100 g),
gut 1/2 l heiße Fleischbrühe aus Würfeln,
Pfeffer,
1 Prise Muskat,
1 Kartoffel (100 g),
40 g Schinkenspeck,
4 Eier.

Grünkohl putzen. Waschen. Von den dicken Stielen streifen. (Tiefgekühlter nach Vorschrift zubereiten.) Wasser in einen großen Topf aufkochen. Salzen. Kohl 10 Minuten darin kochen.

Auf Sieb abtropfen lassen. Hacken. Den Speck würfeln. In einem Topf glasig werden lassen. Zwiebeln schälen. Fein hakken. Im Speck glasig werden lassen. Kohl reingeben. Unter Rühren 5 Minuten durchschwitzen lassen. Mit heißer Fleischbrühe aufgießen. Mit Salz, Pfeffer und Muskat würzen. Etwa 60 Minuten leise kochen lassen. Kartoffel schälen. Waschen. Reiben. In den kochenden Kohl rühren. 5 Minuten kochen. In einer Schüssel warm stellen.
Schinkenspeck in dünne Scheiben schneiden. In einer Pfanne auslassen. Eier aufschlagen. Draufgleiten lassen. Salzen. Etwa 6 Minuten stocken lassen. Auf dem Grünkohl anrichten.
Vorbereitung: 30 Minuten.
Zubereitung: 80 Minuten.
Etwa 455 Kalorien / 1904 Joule.
Beilage: Bratkartoffeln. Als Getränk Bier. Und zur besseren Verträglichkeit gibt es nach dem Essen einen Klaren.

Grünkohl-Salat

200 g Grünkohl,
5 Eßlöffel Olivenöl (50 g),
Salz,
100 g schwarze Oliven,
3 Cornichons,
3 hartgekochte Eier,
100 g Walnüsse,
125 g kalter Schweinebraten.
Für die Marinade:
1/8 l saure Sahne,
2 Eßl. Zitronensaft /20 g),
2 Spritzer Tabascosoße,
Salz, Pfeffer,
1 Prise Zucker,

Grünkohl von den Stielen abstreifen. Gründlich waschen. Auf einem Sieb abtropfen lassen. In feine Streifen schneiden. In eine Schüssel geben. 3 Eßlöffel Olivenöl in einer Tasse mit Salz

verrühren. Unter den Grünkohl mischen. 50 Minuten ziehen lassen.
Oliven, Cornichons und geschälte Eier in Scheiben schneiden. Von allem einige Scheiben zum Garnieren zurücklassen. Walnüsse grob hacken. Schweinebraten in Streifen schneiden. In den Kohl mischen.
Für die Marinade saure Sahne mit dem restlichen Olivenöl, Zitronensaft und Tabascosoße in einem Becher verrühren. Über den Salat geben, mit Salz, Pfeffer und Zucker würzen. Gut durchmischen. Salat in einer Schüssel anrichten. Mit Ei-, Cornichon- und Olivenscheiben garniert servieren.

Vorbereitung: Ohne Marinierzeit 20 Minuten.
Zubereitung: 10 Minuten.
Etwa 580 Kalorien / 2427 Joule.
Wann reichen? Abends mit Toastbrot und Butter. Mittags zu Bratklops.

Leckere Kohl-Rezepte aus Kochen international, Lingen-Verlag

Grünkohl mit Kastanien und glasierten Kartoffeln

1000 g kleine Kartoffeln,
Salz.
2000 g frischer oder 1000 g tiefgekühlter Grünkohl,
300 g Eßkastanien (Maronen),
50 g Schweineschmalz,
Salz, Pfeffer,
1 Prise Muskat,
gut 1/2 l heiße Fleischbrühe aus Würfeln.
40 g Butter,
30 g Zucker.

Eßkastanien passen geschmacklich ausgezeichnet zum herben Grünkohl. Wenn Sie dazu noch glasierte Kartoffeln reichen, haben Sie fast ein Festessen. Vielleicht wird es der Bestseller auf Ihrem Speisezettel. Man macht das Gericht so:

Kartoffeln waschen. In einen Topf geben. Mit gesalzenem Wasser bedeckt im geschlossenen Topf vom Kochen an in 30 Minuten garen. Abgießen, mit kaltem Wasser abschrecken. Schalen abziehen. Auskühlen lassen.
Grünkohl von den groben Stielen streifen. Waschen. Abtropfen lassen. Hacken. (Tiefgekühlten nach Vorschrift zubereiten.) Kastanien schälen und abziehen. Vierteln.
Schweineschmalz in einem Topf erhitzen. Grünkohl und Kastanien darin unter Rühren anschmoren. Mit Salz, Pfeffer und Muskat würzen. Heiße Fleischbrühe zugießen. Etwa 60 Minuten kochen lassen.
Butter in einer großen Pfanne erhitzen. Pellkartoffeln ganz reingeben. In 5 Minuten rundherum leicht anbräunen. Zucker drüberstreuen. 10 Minuten karamelisieren lassen. Dabei hin und wieder umrühren. Grünkohl mit Kastanien auf einer Platte anrichten. Süße Kartoffeln drumherum verteilen.

Vorbereitung: 30 Minuten.
Zubereitung: 70 Minuten.
Etwa 695 Kalorien / 2909 Joule.

Unser Menüvorschlag:
Vorweg eine klare Fleischbrühe. Als Hauptgericht Kasseler, Grünkohl mit Kastanien und glasierten Kartoffeln. Als Dessert Brombeer-Creme Malmö. Zu trinken gibt 's Bier.

Das erste urkundlich bestätigte Kohlessen in Oldenburg

Wohl dem, der einen Garten hat
Grünkohl aus dem eigenen Garten

Früher gehörte der Grünkohl in jeden Garten. In älteren Städten gab es sogar Stadtteile, die für den Kohlanbau bekannt waren wie in Bremen. Und im Winter fand man dann diese Kohlanbauer auf allen Märkten. Wenn auch viele meinen, der Kohl sei aus südlichen Gefilden zu uns gekommen, dann ist aber doch der Anbau gerade hier in unseren nördlichen Gefilden besonders gut möglich.

Der Kohl gehört zur Familie der Kreuzblütler. Er ist sehr anspruchslos und eignet sich auch für leichte Böden, sogar noch auf solchen mit pH-Zahlen unter 6,0, ist aber kalkbedürftig.

Die Stängel bilden Strünke, deren Mark früher von Kindern gern verzehrt wurde. Die grünen, braunen oder manchmal violetten Blätter sind fiederteilig, gefranst oder eingeschnitten und kraus. Es gibt früh- und spätkrausende Sorten. Echte Grünkohlkenner ziehen den spätkräusenden vor, wenn er auch erst spät im Winter zur rechten Entfaltung kommt.

Man unterscheidet aber auch nach der Wuchshöhe sowie der Blattform. Erfahrene Hobbygärtner kaufen am liebsten Saat zur Heranzucht der Sorten Halbhoher, Lerchenzunge oder Mooskrauser. Die Lerchenzungen sind halbhoch und besonders winterhart. Man zieht ihn den niedrigerer Sorten vor, weil das Laub nicht so leicht verschmutzt.

In rauhen Lagen sind allerdings die niedrigeren Sorten vorzuziehen, sie sind nicht so empfindlich.

Eine neue Sorte hat den Markt erobert. Der „Winterländer" ist besonders resistent mit grob gekrausten, dunklen Blättern. Frost wird besonders gut vertragen.

Die Kohlaussaat erfolgt in die freie Erde zwischen April und Mai, spätestens allerdings im letzten Mai-Drittel. Die Keimtemperatur beträgt 15° C Nach 6-8 Tagen läuft die Saat auf. Man sollte die Körner nicht zu tief in die Erde bringen. Nach wenigen Wochen zieht man die kräftigsten Pflanzen heraus und verpflanzt sie ins Freiland. Dabei sollte man sich bei jedem Pflänzchen die Wurzeln ansehen. Die Kohlhernie ist ein ernstzunehmender Schädling, zu erkennen an den Verdickungen an den Wurzeln. Damit behaftete Wurzeln sollten sofort ausgesondert oder vernichtet werden.

Gut geeignet für die Auspflanzung sind jene Gartenflächen, die nach der Ernte von Frühkartoffeln und frühen Erbsen frei werden. Bis zum August kann man so die Pflanzung auf freiwerdenden Stücken fortsetzen.

Dar Pflanzenabstand sollte 40 x 40 cm betragen, bei späteren Pflanzen genügt aber auch ein Abstand von 30 x 40 cm.

Kohl sollte man allerdings nie auf die gleiche Stelle wie im letzten Jahr säen oder pflanzen. Erst nach vier Jahren darf man dort erneut Kohl aussäen oder Pflanzen. Alle Kohlsorten eignen sich nicht für einen gemeinsamen Anbau mit Kartoffeln und Zwiebeln.

Kohl war früher dankbar für normalen Mistdünger. Er wünscht Kali, häufig auch Stickstoff. Deshalb war die frühere Jauche-Düngung recht gut. Diese Jauche hat aber, nebenbei bemerkt, nichts mit der berühmten Kohl-Pinkel zu tun! Heute dürfte das Thema Jauche-Düngung tabu sein, aber dank der vielen noch gesünderen Mineraldünger gibt es hier keine Probleme.

Ein nicht gerade gerngesehener Gast auf den heranwachsenden Pflanze ist der Kohlweißling, der ansonsten so fröhliche Schmetterling, der manches Kinderherz verzaubert. Dieser Schmetterling legt mit Vorliebe seine Eier auf den Kohlblättern ab. Die daraus schlüpfenden Raupen können zur Plage werden und die Blattmasse stark dezimieren. Doch statt Gift gibt es inzwischen natürliche Abwehrmittel, zu denen auch ein feinmaschiges Kohlnetz gehört.

Grünkohl gedeiht auch, wenn einmal der Sommer so richtig verregnet. Kluge Gärtner ernten die grünen Blätter von unten her, denn dort werden sie zuerst gelb. Die Pflanze selbst bleibt nach der großen Blatternte weiterhin im Garten stehen. Sie bildet zum Frühjahr hin die begehrten Sprossen. Gerade diese ergeben eine besonders zarte Kohlmahlzeit.

Die Erntezeit ist ab etwa Oktober und kann fortgesetzt werden bis Ende Februar. Eine Schneehaube auf dem Grünkohl ist nicht nur ein schöner Garten-Anblick, Schnee macht den Kohl besonders appetitlich.

Grünkohl aus dem eigenen Garten verlangt keine großartige Pflege. Und eingefleischte Kohlkenner schwören darauf: Kohl aus dem eigenen Garten schmeckt am besten.

Kohl vereint die Geister
Der Kohl in Politik und Wirtschaft

„Im täglichen Leben muß man gegen den menschlichen Ernst ankämpfen, denn er stört allzu oft die Beziehungen von Mensch zu Mensch" ließ der erste deutsche Bundespräsident Theodor Heuss seine Gedanken am Ende seiner Kohl-Ansprache im übertragenen Sinn ausklingen. Solche Worte fand er im Februar 1956 beim „Defftig Ollnborger Kohl-Äten" im Haus der deutschen Parlamentarischen Gesellschaft in Bonn. Es war damals dar Beginn eines inzwischen liebgewonnenen Brauchs. Dieses Kohlessen bekam damals sogar noch größte parlamentarische Bedeutung. Dazu versetzte man das „Gröönkohl-Äten" nach Bonn, was sich danach mit zwei Ausnahmen jedes Jahr wiederholen sollte. Entstanden ist dieser Brauch, als die Stadt Oldenburg den ersten Präsidenten der noch jungen Bundesrepublik nach Oldenburg einlud. Der aber drehte den Spieß um und bat darum, ob denn nicht Oldenburg nach Bonn kommen könne. Die Oldenburger Stadtoberen fackelten nicht lange und exportierten das nach ihrer Meinung typischste Mahl mit allen Zutaten nach Bonn. Und hier kam bei diesem guten Essen keinen Moment eine offizielle Stimmung auf, es wurde ein humoriger, beschwingter Abend. 1958 blieb Prof. Heuss sogar bis nachts um drei beim Grünkohlessen und hat später seine Eindrücke darüber auch niedergeschrieben. Er betont darin, daß er nicht allein das bis dahin ihm unbekannte „Defftig Ollnborger Kohl-Äten" mit fetter Wurst und dem Kornschnaps genossen hätte, sondern er habe sich auch bestens amüsiert.
In den folgenden Jahren hat man sich beim Kohl mit so ziemlich der gesamten Prominenz der Bundesrepublik getroffen. Dabei konnte man auch manches brennende Problem und anstehende wirtschaftliche Fragen anschneiden, ohne daß der befreiende Charakter des Essens verloren ging. Und all das geschah zwischen

dampfenden Kohlschüsseln und dem notwendigen Schluck. Leider konnte man es nicht soweit organisieren, daß auch die eigentlich ja dazugehörige Kohlfahrt über Land mit Boßeln usw. stattfand. Ebenso fiel der ansonsten für die Verdauung so notwendige Kohltanz der Etikette zum Opfer. Aber geblieben ist die jeweilige Proklamation eines Kohlkönigs. Ein Kurfürsten-Kollegium bestimmt dabei einen König. Vorher dankt der alte König ab, wobei dieser noch einmal eine kernige Rede vom Stapel läßt. Wenn man einen neuen König gekürt hat, bleibt das aber bis zum Schluß geheim.
Jeder der prominenten Kohlkönige wird auf der stadteigenen „Kohlplakette" verewigt. Da findet man Namen von den Kanzlern Schmidt und Kohl sowie den Ministern Blüm, Genscher, Kinkel und Joschka Fischer. Die Namen lesen sich wie ein Geschichtsbuch.
Nach der Proklamation hält auch der neue König eine Rede, die nicht zu ernst sein darf. Dabei muß er erklären, daß er in den kommenden 365 Tagen den Oldenburgern ein guter und gnädiger Herr sein werde. Er bekommt noch einen Kohlstrunk als Zepter und einen Kohlorden in Schweinsform. Von einem so prominenten Kohlkönig erwartet man, daß er zumindest einmal die Stadt Oldenburg besucht.
1961 hat die Annahme der Kohlkönigswürde in Bonn sogar zu einer parlamentarischen Anfrage geführt. Ein Abgeordneter hatte darin monarchistische Bestrebungen entdeckt.
Doch so neu ist dieses offizielle Oldenburger Kohlessen in der Bundeshauptstadt wieder auch nicht. Bekannt ist, daß in den Jahren um 1930 die Oldenburger in Berlin ihren „Braunen Kohl" schon als geselligen Höhepunkt ansahen. Und auch einige betuchtere Wirtschaftsgrößen verweisen darauf, daß sie „ihr Grünkohlessen" bereits in Hongkong und Washington und anderswo in der Welt genossen haben. Natürlich lädt man auch hier Größen aus Wirtschaft und Politik dazu ein. Man weiß, daß man sich beim Grünkohlessen viel gemütlicher unterhalten und sogar dabei verhandeln kann.
Bei diesen fernen Kohlessen hört man sogar oft den heimatlichen Klang der plattdeutschen Sprache, die dabei wieder international wird.

Nicht vergessen wollen wir, was die Bremer beim Kohlessen alles so schaffen. Ihre offiziellen Essen können eine viel längere Geschichte vorweisen.
Da ist einmal die „Bremer Eiswette", ausgetragen seit 1829 jedes Jahr. Hierbei geht es darum, zu klären, ob die Weser Anfang Januar „zu" oder „offen" ist. Genaugenommen geht es dabei jedoch um den Kohl: Wer die Wette verliert, muß einen „vaterländischen braunen Kohl" mit Zubehör ausgeben.
Und bei der noch älteren Schaffermahlzeit, seit 1545 begangen, ist der „Braune Kohl" Hauptbestandteil des Essens. Ende Februar verabschieden sich hier traditionsgemäß die Kapitäne von den Kaufleuten mit einem gemeinsamen Essen. Zum Kohl werden hier jedoch keine Kartoffeln gereicht, sondern Maronen. Zu vermerken ist noch, daß beim Schaffermahl bis heute keine Frau Zutritt hat.
So werden zwischen Kohl und Pinkel, Kasseler und Kochwurst häufig grüne Fäden der Verständigung gesponnen. Grünkohl lädt ein zum leiblichen Genuß, aber er ist auch äußerst fruchtbar, was das Miteinander der Kohlgemeinde ausmacht.

Ein Stadtspaziergang mit Grünkohl
Eine Stadt will sich zeigen

In den vorstehenden Kapiteln wurde vieles vom Grünkohl und dem „Drumherum" berichtet.
Daß auch die Stadt Oldenburg viele Jahrzehnte lang ein prominentes Kohlessen in der damaligen Bundeshauptstadt Bonn veranstaltet hat, das jetzt auch in Berlin wieder die ansonsten so ernste Gesellschaft zu zufriedenen und ausgelassenen Genießern werden läßt, hat vieles zum Bekanntheitsgrad des „Ollnborger Gröönkohl-Ätens" beigetragen. Wiederum zeigt sich der Grünkohl als guter Botschafter zwischen den Menschen. Diese Tatsache hat man sich bei der Stadtverwaltung Oldenburg zugute gemacht und bietet jetzt sogar einen Stadtspaziergang mit Grünkohl an. Da lernt man zunächst die liebenswerte alte Stadt kennen mit einem herzoglichen Schloß und einer wunderschönen Innenstadt, wandert durch

Deutschlands erste Fußgängerzone und stellt fest, daß es sogar einen Hafen gibt. Man erfährt vieles über Geschichte und Kultur und wundert sich, wieviele berühmte Menschen in Oldenburgs Mauern gewohnt haben. Ob es das Peter-Friedrich-Ludwig-Hospital ist oder die bautechnisch so ungeheuer interessante Lambertikirche, dann auch Oldenburgs Wahrzeichen, der Lappan, oder das Staatstheater, all diese Bauwerke zeugen von einer bedeutenden Geschichte. Und irgendwann fragt man sicher auch nach den Besonderheiten und Spezialitäten dieser Stadt. Meistens bleibt ja für stadttypische Genüsse keine Zeit. Doch jetzt hat die Stadt Oldenburg mit ihrem „Stadtspaziergang mit Grünkohl" eine wohlbedachte Idee in die Tat umgesetzt: Am Ende des Stadtrundganges kehrt man ein in ein gemütliches Restaurant. Hier kann man nun den Grünkohl genießen, wenn allerdings nicht stilgerecht an der großen Tafel und zum ständigen Nachauftun. Hier bleibt es beim Tellergericht, aber doch werden der wundervolle Duft und der unbeschreiblich angenehme Geschmack noch lange nach der kurzen Visite in Oldenburg in Erinnerung bleiben. Sicher wird so mancher Besucher gern vom Grünkohl erzählen, wenn er wieder daheim ist.

Informationen dazu bekommt man bei der Oldenburg-Tourismus- und Marketing-GmbH unter Telefon 0441/3616130, Fax 0441/36161350 oder online per e-mail: info@oldenbg-tourist. de

Der Kohl im Kopf der Literaten
Vom Genuß des Kohls beflügelt

Am Anfang aller Lobpreisungen über den Kohl muß gesagt werden, welch leiblicher Genuß doch dieser Grünkohl ist!
Aber da gibt es auch immer wieder Gespräche, Träume und Berichte, in denen der Grünkohl im Kopf der Literaten herumwirbelt. Viele Grüßen und bekannte Menschen aus Kultur, Politik und Wirtschaft erinnern sich gern der gemeinsamen Stunden beim „Grünkohl-Äten". Und es gibt auch eine Reihe literarischer Beiträge, in denen der Grünkohl eine Rolle spielt, wenn nicht sogar meistens die Hauptrolle.

Von den schönen Erinnerungen des ersten deutschen Bundespräsidenten, Professor Theodor Heuss, und seiner Mahnung an die Menschen war vorstehend schon die Rede. Doch gern liest man auch von dem bekannten Schriftsteller Hugo Hartung (bekannt durch sein Werk: „Ich denke oft an Piroschka"), der eine Zeit lang Dramaturg am Oldenburgischen Staatstheater war. Er erzählt nicht nur vom Erlebnis des Kramermarkts, er sieht den Kohlgenuß noch als eine Steigerung der Lust an und schwärmt von der prallen Lebensfreude beim Kohl. Oldenburger Literaten haben sich vielfach und zu allen Zeiten über den Grünkohl geäußert. Der Rektor Johanns sammelte schon im Jahre 1906 Kohllieder und schrieb auch selbst einige. Eines davon, zu singen nach der Melodie des Liedes „Prinz Eugen" soll stellvertretend in diesem Büchlein von der Vielfalt der Gedanken beim Grünkohl erzählen.
Auch heute noch wird sehr oft beim Grünkohlessen Plattdeutsch gesprochen. Auch in dem Begriff „Defftig Ollnborger Gröönkohl-Äten" taucht das Plattdeutsch wieder auf. Deshalb folgen im folgenden Teil neben einigen hochdeutschen Beiträgen auch einige in der plattdeutschen Sprache des Oldenburger Landes. Vergessen Sie dabei nicht, daß sich der Grünkohl mit dem Platt inzwischen wieder die „Welt" erobert. Grünkohl ist und bleibt ein Genuß für Leib und Seele und macht den Geist wieder fit!

Louis Johanns, 1906
Ein Lied vom Kohl

Brauner Kohl und durst'ge Kehlen,
Reicher Stoff, du darfst nur wählen,
Laute Lust zum Gläserklang.
Und das Räsonnieren, Sprechen,
Und das Klappern der Bestecke
Übertönt noch den Gesang.

Wieviel Kohlerei im Leben
Sich tagtäglich mag begeben,
Wir berechneten das wohl!
Auf Kathedern, auf den Bühnen
Professoren, Dichter dienen
allesamt dem großen Kohl.

Literaten, Rezensenten
Kohlen ja an allen Enden
Über, unterm Striche frei.
Die polit'schen Redner sohlen
Und die großen Männer johlen
Nach bekannter Melodei.

Und nun laßt uns fröhlich schließen
Und die Kohlerei begießen:
Volles Glas auf aller Wohl!
Singen wir dann diese Lieder
Noch im nächsten Jahre wieder,
Ist es aufgewärmter Kohl!

Die Kohlfahrt

„Sagen Sie, Frau Maihofer, da redet die Belegschaft von einer Kohlfahrt, was ist das eigentlich?"
Der neue Chef stand in der Tür zum Sekretariat und blickte fragend auf seine Sekretärin.
„Das machen wir schon bestimmt seit zehn Jahren, das ist unsere ganz besondere Betriebsveranstaltung, wird aber von den Kollegen selbst organisiert!"
Und was geschieht da? Kohlfahrt, Ollnborger Gröönkohl, das alles ist mir so total unbekannt und eine Mahlzeit Kohl kann doch nichts Besonderes sein, oder?"
„Dann sollten Sie mitmachen. Wer im Oldenburgischen noch keine Kohlfahrt mitgemacht hat, ist nur ein halber Mensch und weiß nicht, was gut ist!"
Ein Telefonat unterbrach das Gespräch. Am folgenden Tag schob Frau Maihofer dem Chef eine Notiz auf den Schreibtisch. In großer Schrift stand da was von „Gröönkohl mit Pinkel und Kookwuß un ok wat för 'n Dorst".
Das war vor 14 Tagen gewesen. Jetzt war er da, der Sonnabend der Kohlfahrt von Meyer und Oltmanns. So nach und nach trabten die Kollegen an, warteten, redeten, traten vom einen auf den anderen Fuß, weil es, als sollte es so sein, über Nacht gefroren hatte. „So, genau so muß es sein, der Boden muß unter den Füßen knacken!"
Kollege Adolf wischte sich den Tropfen von der frostigen Nase weg. Als dann von Eversten her der alte Allers mit einem Kinderwagen angeschoben kam, ging das Gejohle los. Der über und über geschmückte Kinderwagen wurde bewundert. Über allem tronte ein Prachtexemplar der Oldenburger Palme, kerzengerade gewachsen, mooskrause Blätter, von denen bunte Bänder in den Wind wehten.
„Is dor ok 'noog in, dat wi kien Dorst kriegt?" schielte die Frau aus der Packerei um die Ecke in den Wagen, wo die Flaschen mit hochprozentigem Korn gegeneinander schepperten. Die fröhliche Mannschaft setzte sich in Bewegung, war schon bald am Birkenweg, als von hinten jemand angerannt kam.

„Sag bloß, der kommt mit?" knurrte Ewald und sah die anderen fragend an.
„Hallo, meine Freunde, gerade noch habe ich 's geschafft!" Wie selbstverständlich wanderte der neue Chef mit, löste sogar nach einiger Zeit den alten Allers beim Schieben des Kinderwagens mit dem kostbaren Gut ab und meinte ganz trocken: „Da bin ich ja dann an der Quelle!"
„Naja, wenigstens das kann er ja!" knurrte jemand.
Nun wurde den Wanderern vom Wandern müde. Die Kälte drang durchs Zeug und ließ die Hände steif und die Nasen rot werden.
„Das gehört dazu!" erklärte die Sekretärin, die heute mit einer modernen Winterjacke so ganz anders aussah. Sie griff nach dem ersten Buddel und ließ einen mitgebrachten Eierbecher herumgehen. Der Klare brannte auf der Zunge, ergoß sich in den frostigen Körper, verteilte sich und stieg wonnig warm wieder auf. So ging es mit der flüssigen Wegzehrung noch etliche Male, bis sie in einem kleinen Dorf beim „Krug zur Linde" hielten. „Und hier ist nun das paradiesische Land des Grünkohls!" dozierte der Buchhalter, der inzwischen einen hochroten Kopf bekommen hatte. Die wohlige Wärme in der Gaststätte empfing sie, ließ sie sogleich in eine gemütliche Stimmung fallen. „Das ist er, der Duft des edlen Grünkohls!" Die Wirtsfrau trug schon die dampfenden Kartoffeln auf, in Riesenkummen folgte der Grünkohl. „Und das ist das besagte Göttermahl?" verfolgte der neue Chef alles neugierig und mit Interesse.
„Warten Sie nur ab!" antwortete die Sekretärin und lächelte.
„Da kommen sie, Pinkel und Speck, Kochwurst und Kasseler!" rief der Lehrling aus dem Büro, als der dicke Wirt schwerbeladen zur Tür hereinkam. Währendessen präsentierte die Wirtin stolz mit einem Schöpflöffel bewaffnet den „Echt Ollnborger Gröönkohl" und wünschte „Guten Appetit!"
„So, Chef, nun sagen Sie mal ein paar Worte zur Eröffnung unseres Essens!" drängelte die Mannschaft und schielte schon auf die Leckereien, die sich vor ihnen auftaten.
„Wenn ich den Worten meiner Sekretärin folge, dann erlebe ich heute schon ein Stück des Himmels vorab. Das Warten auf den Himmel aber soll man nicht absichtlich verzögern. Nun

stehe ich mit großen Augen vor einem so schön gedeckten Tisch und hungrigen Mitarbeitern. Zwar klingt Grünkohl mit Pinkel in meinen Ohren ein wenig unanständig, aber was soll 's, packen wir es an und erleben und genießen dieses Stückchen Himmel auf Erden!"
Mit großem Appetit machte sich die Gesellschaft über die Köstlichkeiten einer Kohlmahlzeit her.
„Und das ist die besagte Pinkel?"
„Das ist eine Oldenburger Spezialität aus Grützwurst mit Speckstücken, leicht geräuchert."
Zwischendurch prostete man sich zu, lud sich noch einen deftigen Schlag Grünkohl nach. Nach und nach schob man den Stuhl zurück, weil der Bauch am Tisch nun störte. Einer nach dem andren gab das Essen auf.
„Doch, zugegeben, Grünkohl mit Pinkel und was dabei, das ist schon eine Sünde wert!" rief zwischendurch der neue Chef, bis zum Schluß alle auf ihn schauten und mitleidig grinsten. Er aber legte am Ende zufrieden Messer und Gabel beiseite und kippte noch einen Klaren nach. In diesem Moment erschien der Wirt, in der Hand gewichtig eine Kette mit einem Anhänger. Stolz baute er sich vor dem neuen Chef auf, der ihn fragend anschaute.
„Herzlichen Glückwunsch, Sie sind der Kohlkönig!" Dabei klatschten alle und freuten sich. Noch nach Verständnis ringend stand er auf, hielt sich an der Tischkante fest. An seiner Brust baumelte ein metallenes Schwein an einer Kette. Verlegen, doch dann lachend winkte er. Ihm war, als hätte die Grünkohlmahlzeit alle Zahlen und Tabellen, Fakten und Probleme beseitigt. Gern stiftete er die nächsten Runden, drückte viele Hände, trank genüßlich noch einen Klaren.
„Solch ein deftiges Grünkohlessen verbindet die Menschen, läßt sie satt und zufrieden sein, wahrhaftig ein Stück vom Himmel!" erzählte er später im Freundeskreis. Die sahen ihn zweifelnd an, aber er rief ihnen zu: „Dann solltet ihr selbst mal an einer Grünkohlfahrt teilnehmen, so mit echt „Defftig Ollnborger Gröönkohl mit Pinkel un wat dorto"!"

Karl-Heinz Bonk

Defftig Ollnborger Gröönkohl, ein Stück Himmel auf Erden

Er wußte noch genau, wie das damals passiert war, damals im Urlaub. Sie saßen in der Sonne irgendwo am Strande des Mittelmeeres. Es war eine gemischte Gesellschaft, die sich da getroffen hatte. Irgenwie war das Gespräch aufs Essen gekommen. „Immer Spaghetti und so, das ist ja nicht zu ertragen!" war nach etlichen Tagen die Meinung. „'nen Teller Kraut un 'ne Haxe dabei!" schwärmte Alois aus der Nähe von München und ließ dabei seine Zunge über die Lippen gleiten. Sogleich mußte Hermann aus Degerloch im Schwäbischen protestieren:
„Eine gute Mahlzeit Spätzle und ein Viertele dazu wären mir lieber!" Jenssen aus Flensburg griff nach seinem Bier und meinte zwischen zwei langen Schlucken: Solange das kühle Bier noch da ist ..." Das alles hatte ihn, Ewald, echt Oldenburger Schlag, nun doch gewurmt, daß er nicht auch seine geheimen Sehnsüchte betreffs der leiblichen Genüsse äußern durfte. Verzweifelt sah er seine Frau an, die doch all seine Lieblingsspeisen kannte und in deren Folge sie beide auch wohl ihre jugendlich schlanke Figur ein wenig vergessen hatten. Aber endlich war es denn doch soweit, daß es aus Ewald herausplatzte: „Das ist alles nichts gegen echt „Ollnborger Gröönkohl mit Pinkel!" Das letzte Wort zog er noch genüßlich in die Länge. Doch gerade hatte er 's gesagt, schoß die allein angereiste Frau Winkler entrüstet aus ihrem Liegestuhl hoch: „Igitt, Pinkel, das muß ja etwas ganz Ungenierliches sein!" Sie spitzte dabei ihren Mund, als sei gerade ein Anschlag auf die Sittlichkeit gemacht worden. Ewald lachte, bis Anni, seine Frau, die Gesellschaft aufklärte: „Der Grünkohl wächst bei uns in Oldenburg besonders gut, aber richtig gut genießen kann man ihn erst, wenn der erste Frost übers Land gezogen ist. Wir haben bei uns eine ganz besondere Sorte, krausblättrig, sehr gesund und besonders appetitlich! Der wird dann gekocht, dazu kommen Grütze und häufig auch Haferflocken, etwas Fett, wenn möglich Schmalz, Schalotten. Das alles wird sämig gekocht. Dazu gibt es dann Kochwurst, leicht geräuchert, saftigen fetten Speck, ja und die Krönung ist dazu dann die bewußte Pinkel! Keine Angst, das ist nichts Unschickliches, nein,

das ist eine besonders zart geräucherte Grützwurst mit Speckstückchen, schmeckt ganz vorzüglich." „Und was soll daran so gut schmecken, daß man dafür alle Genüsse unserer Lande beiseite schiebt?"
Die Runde dort am Strand hatte die beiden Oldenburger fragend angesehen, zweifelnd, ein wenig spöttisch. Doch das wieder ging gegen Annis Ehre. „Ich verspreche Euch, Ihr werdet nichts Besseres finden, wenn Ihr das erst einmal bei uns probiert habt!" Die Menschen hier im Urlaub waren Freunde geworden und so hatte man dann ausgemacht, in der stillen Jahreszeit einmal nach Norddeutschland zu kommen, um das himmlische Mahl „Gröönkohl mit Pinkel" zu probieren.
Jetzt liefen zwölf Menschen über die alte Ziegelstraße. Der Frost ließ an diesem Tage den Atem in der Luft erstarren. Die Sträucher hatten sich mit leichtem Rauhreif überzogen. Das Gewirr von Bayrisch, Schwäbisch und rheinischem Zungenschlag hallte übers Land. „Halt, nun gibt es erst mal 'nen Schluck!" Die Buddel mit Klarem machte die Runde, einmal, zweimal. Man schüttelte sich beim ersten Mal. Die Nasen begannen zu glühen. Man wanderte, hielt an, erzählte sich etwas und erinnerte sich der schönen Urlaubstage. „Damals, ja damals ...!" Alois war auserkoren, die mit Bändern geschmückte Oldenburger Palme zu tragen. Das tat er auch mit großer Würde, nur mit zunehmender Runde der Buddel sank die Palme immer mehr in Querlage. „Wir haben 's geschafft!" Schon von weitem sah man den kleinen Dorfgasthof. „Ja, und dort nun lernen wir euer Nationalessen kennen?" Alois blikkte fragend auf Ewald. Der aber strotzte vor Überzeugung: „Der Grünkohl wird euch noch alle schaffen!"
Drinnen empfing sie die Wärme, ein Stimmengewirr und ein appetitlicher Duft. Der Wirt selbst schenkte den Zwölfen ein Gläschen ein, das die Lebensgeister noch wacher werden ließen. Dann saßen sie am Tisch und wußten gar nicht, wie ihnen geschah. Aus den großen Kummen dampften leuchtend gelbe Kartoffeln. „Nun langt schon zu!" rief Ewald und tat sich eine Portion auf. In der anderen Schale lockte etwas Braungelbgrünes, das mit einem aparten Duft in ihre Nasen zog. „Das ist nun der „Ollnborger Gröönkohl"! Ewald tauchte den Schöpflöffel tief in

die Schale, um sich einen großen Schlag des Grünkohls über die Kartoffeln zu tun. „Ja, und das alles ist nichts ohne das hier !"
Er piekte mit einer Gabel in eine braune, fetttriefende Wurst und legte sie sich auf den Teller. Dazu holte er sich ein glänzendes Stück Speck. „Un nu laat Jo dat smecken!" strahlte er in defftigen Oldenburger Platt. Er war froh, seine Gäste in einer so fröhlichen Stimmung bis hierher gebracht zu haben und ermunterte sie noch einmal, doch ordentlich zu genießen.
Der Marsch durch die kalte Landschaft, die beißende Kälte hatten die Menschen hungrig gemacht. Nun wurde es still, alle waren mit dem Grünkohl beschäftigt. Ewald mußte lächeln, als er Alois die Wirtin hinter vorgehaltener Hand fragen hörte, ob denn noch eine Pinkel erlaubt sei. Die Wirtin lächelte und suchte ihm die dickste heraus. Dazu legte sie noch ein Stück Speck. Dabei meinte sie: „Bei uns gibt es Kohl und Pinkel, soviel man möchte!" So wechselten sich ein weiterer Schlag Kohl mit deftig Pinkel und dazu eine Lage Korn ab, bis so nach und nach alle die Hände über den Bauch falteten und genüßlich, aber entsagend auf die immer noch vom Wirt nachgeschobenen Schätze in den Kummen schauten. Nur Alois schlug sich noch einmal einen Löffel nach. Dann, als sei er erst jetzt überzeugt, daß der Grünkohl etwas besonders Appetitliches sei, legte er Messer und Gabel beiseite und wollte gerade etwas zu Ewald sagen, als der Wirt mit großem Gehabe mit einem Gebilde in der Hand auf ihn zu kam, das er nicht sofort erkennen konnte. „Sie sinds, herzlichen Glückwunsch!" sagte der Wirt und Alois wußte nicht, wie ihm geschah. „Sie sind unser heutiger Kohlkönig!" Dabei legte der Wirt ihm eine Kette mit einem Schwein als Emblem um den Hals. Während Alois noch überrascht schaute, lachte die ganze Gesellschaft schon, bis er erkannte, welche Ehre ihm da in den Schoß gefallen war. „Die Runde zahl ich gern!" rief er. Daraus wurden noch viele fröhliche Runden mit Gesang, schwungvollem Tanz und schönen Stunden. Alois fühlte sich wohl. Noch auf der nächtlichen Heimfahrt klopfte er Ewald zufrieden auf die Schulter und meinte: „Euer defftig Ollnborger Gröönkohl mit Pinkel, das ist ein Stück Himmel auf Erden!"

Karl-Heinz Bonk

Museumskroog
Hotel · Restaurant
Café · Saalbetrieb
Biergarten
Ammerländer Gastlichkeit . . . Mittagstisch,
hausgebackener Kuchen, umfassende Speisekarte.
Kohlfahrt zum Museumskroog!
Gemeinschafts-Kohlessen
31. 1., 14. 2., 7. 3.
Reservieren Sie schon heute: Kohlfahrten, Weihnachts-
und Betriebsfeiern.
Ganztägig geöffnet – Montag Ruhetag
Speckener Weg 34 · 26160 Bad Zwischenahn · Tel. 0 44 03 / 93 66-0
Restaurant
Fries land
in Oldenburg · Am Achterdiek · T. 0441/42535
„Grönkool-Äten"
Auch für Gruppen bis 36 Personen
„To Grönkool hört 'n Stück Speck, so dick as 'n Gesangbook"
Alte friesische Weisheit
Öffnungszeiten:
täglich von 17.00–24.00 Uhr, montags
Ruhetag, sonnabends und sonntags
von 12.00–14.30 Uhr Mittagstisch
Auf geht's – zur Kohlfahrt bei uns!
Deftiges Grünkohlessen
Reservieren Sie jetzt Ihren Termin!
Eckard Hamer und sein Team
freuen sich auf Ihren Besuch!
Dragonerstraße 59
2900 Oldenburg
Telefon 04 41 / 2 77 04
Harmonie
Hotel · Konferenz- und Gesellschaftsräume · Stadtservice · Restaurant
Dötlinger Hof
Gemeinschaftskohlessen mit Tanz
27. Jan. und 3. Febr. und 17. Febr. 90
Kohlpartie
27. Januar 1990
Am 27. Januar trifft sich die große Familie unserer langjährigen Kunden und Freunde zum traditionellen „großen Kohlessen" in der Wilhelmshavener Stadthalle. Sichern auch Sie sich einen Platz, denn Jahr für Jahr sind es mehr begeisterte Gäste, die dieses attraktive Fest nicht versäumen wollen. So auch dieses Jahr wieder.
Neuhaus
Inh.: Uwe Meyer
Garreler Str. 111 · 2906 Wardenburg/Littel · ☎ 0 44 07 / 81 31
Kohl- und Pinkelessen in Littel
Gemeinschaftskohlfahrten am 28. 1., 4. 2. und 25. 2. 1989
Jeden Sonntag Mittagstisch
Reichhaltige Abendkarte
Gesellschaften aller Art
Vollautom. Kegelbahn

Kohl un Pinkel

Us Tant Gertrud muß na 'n rechten kieken, tominst harrn wi den Indruck, ja, so muß dat woll wesen. „Komme mit Zug 8.25" stund up dat Telegramm. Wi, just viertein Daag verheiraat, keeken us an. Man Tant Gertrud harr us doch to de Hochtiet de groode Vaas schunken, de, de wi all ganz up de Eck von 'n Böön stellt harrn, nümms much se liern.
„Muß denn woll wedder dalholen" harr dar mien Fro meent un ik hol se denn ok dal. Ja, un wat miene lüttje Fro ut de Vaas mit 'n paar Strüük maaken de, dat weer ganz wat Besünners! Un denn stelln wie de Vaas so in de Stuuv, dat se de glieks to sehn kreeg, as se denn anmascheern de. Wo disse Fro mit ehr dreeunseßtig Johr sovääl Schwung hernehm, dat weer un 'n Radel. Se weer partout nich to hoolen, leep von de Kööken in de Stuuv, plückte in usen lüttjen Goorn dat Grööntüüch un hool sick ok noch 'n Dook, womit se de Stöhl afwischen kunn.
Miene Fro keek all rein bedröfft, bald ok all 'n beten insnappt un meen mit 'n spitzen Mund: „Glieks kruppt se ok noch unnern Schrank un kickt to, of dat rein is!" Dat weer ja nu an Saterdag wesen. Ik wuß, övern Sonndag kreegen wi woll kiene Ruh. Of ik nu wull of nich, ik muß denn up use Sofa slapen. Tant Gertrud keem in mien weeket Bett! Och, um dat Bett gung mi dat ja gar nich, awers mit miene lüttje Fro rumknüddeln, dar schull mi dat woll na verlangen!
Mit Utslapen weer dat an Sönndag ok nix, Klock seven stund se all in de Köök un wull Koffee maaken. Un denn keek se ganz fünsch, dat wi nich na Kark wulln. So nehm se denn use Gesangbook un leep alleen hendal. Ik harr ja meent, nu schull woll eben Tiet wesen, man so eben mit miene Fro rumtoknutschern. Awers se meen, nu mussen wi tosehn, dat dat Eten to de rechte Tiet up 'n Disch keem. „Wie makt 'n ordentlichen Pott Gröönkohl!" meen miene Fro un dreihde ok all twee Dosen Kohl up. Nu mag ik ja Gröönkohl för mien Leven geern, so recht deftig, so mit Grütt un ordentlich vääl Speck un Pinkel. Ja, un to de rechte Tiet, Tant Gertrud weer mit 'n Pastoor nich tofreen, keem se wedder rinsneet, sett sick an Disch, keek in den Pott, de dar so dampend stund, dat rook all ganz wunner-

bar dör 'n Ruum! Miene Fro de Tant Gertrud 'n ordentlichen Slaag up, denn schov se den Teller mit Speck, Kookwuß un Pinkel hen un Tant Gertrud langte ok goot to! Ganz tofreen schov se denn acherher de Teller bisiet un nehm ok 'n Schluck, den wi all torecht stellt harrn, dat hööirt doch darto! Darna sette se sick in den oolen Stohl, den wi van Opa schenkt krägen harrn un dar sleep se 'ne ganze Tiet.
Miene Fro un ik keeken us an. Wo geern weern wi 'n beten tohoop krapen, man nu, wo se dar sleep, schandeerde wi us doch. Awers, so trösten wi us, morgen schull de Besöök woll wedder afföhrn! Man abends, miene Fro harr den Disch noch mal so recht fierlich herricht, dar keem Tant Gertrud in't Vertelln, as weer se uptrocken so as use oole Klock. Dar versabbel se sick, se wull noch 'n paar Daag blieven, se wull us noch to Hand gahn. Se meen, wenn man so jung verheiraat weer, denn kunn man doch goot den Raat van de öllern Lüüd bruuken. Miene Fro meen, dat weer woll so, man ik kneep mi all vergrellt de Fingers to 'ne Fuust. Man wat hulp dat, de Nacht leeg ik wedder up't Sofa un dröööm van de weeke Huut van miene lüttje Fro! Annerndags harr sick Tant Gertrud anboon, se wull ok woll geern för us inkööpen, denn kunn miene Fro all tohuus uprüümen. „Kiek, dat heff ik mi doch all dacht, van de Huusarbeit hollt se ok nich vääl!" leep mi dat so dör'n Kopp! Miene Fro schreev ehr up'n lüttjen Zettel, wat dar intoköppen weer. Se schull be'n Kröger wat an Mehl un Zucker un 'n frischt Broot un bi'n Slachter noch 'n beten darto holen, denn schull de Gröönkohl van güstern woll noch langen!
Dissen Dag muß ik eerst na Middag na'n Betrieb un so hulp ik denn bi miene Fro. Ja, un wo doch Tant Gertrud weg weer, bleev to'n Sööten ok noch Tiet. Denn, mit Lamenteern un 'n ganz dustert Gesicht keem Tant Gertrud dör de Dööör, smeet de Tasch up'n Disch, suuste muulsch na boben un keem denn mit ehr'n Kuffer wedder dal.
„Wat is denn nu, is wat passeert?" fragt miene Fro un wull ehr begöschen. Man se weiharm dör de Stuuv un jappte na Luft. Denn trock se den Inkoopzettel ruut, stippte mit 'n Finger darup un mee: „Ja, un dat, meent Ji, dat schull Jo Tant freeten, hier, wo wer weet nich an pinkelt hett? Igitt, igitt, Ji schulln Jo

schamen, un verschieten laat ik mi nich!" Se greep na ehrn Kuffer, wisch sick noch maal mit ehr Daschendook över de Oogen, as wull se seggen, se harr darbi weent. Denn weihde se na buten, wi keeken us an. Dat düürde 'n beten, bit wi begreepen harrn, wat dar meent weer. Awers de Pinkel in usen Gröönkohl, de hett us beiden allerbest daan!

Karl-Heinz Bonk

Gröönkohl, Pinkel un een beten Leevde

He sehg noch ehre Ogen. „Denn bit morgen, wenn 't to 'n Gröönkohl-Äten geiht!" harr se ropen un weer denn na Huus gahn.

„Moie Deern!" dacht he. Em weer, as bleev ehre Stimm noch eben bi em. Siene Gedanken kunn he nich woller kloor kriegen. He rüüm sienen Schrievdisch up un sloot de Büro-Döör achter sick to.

Annern Morgen, dat weer Saterdag un se harrn free, sloog em buten de Küll in 't Gesicht. De Wittfrost harr över Nacht de Bööm an de Straat to een Wunnerwark maakt. De Grasspieren tinkeln in de Morgensünn, de so eben dör de griesen Wulken keek. Unner siene Fööt gnaaster dat. Wenn he de Luft na buten puust, kunn he sienen eegen Aten sehn.

He faate noch mol na siene Jack. „Doch, den Eierbecher ut Grootmudders Schapp heff ik dorbi!" dacht he. Dat harrn em de Kollegen noch seggt: „Den mutt bi so een Gröönkohl-Eten jeedeen dorbi hebben!"

Dor, wo de Achterkamp up de Chaussee toleep, töven de annern al.

„Na, kunnst woll nich ut'n Bett kaamen, wat?" bölkte Jan Emken, de van dat Lager.

„Moi, dat Se dor sind!" sä de Deern ut de Schrievstuuv. He keek se an. Vanmorgen sehg se anners ut as in 'n Deenst. Awer in ehre warme Jack un mit den rooden Schaal um den Kopp sehg se to 'n Anbieten ut.

De Deern stund bi eenen Kohlstrunken mit klöören Tüdelbän-

ner. Un ut den Wagen sehg man de Buddels neeschierig över de Kant kieken.
„Dat utwussen Minschen noch Vergnögen an so 'n Kinnerkraam hefft!" dacht he bi sick. Sowat kenn he ut de Kuntrei, wo he tohuus weer, nich.
„Denn willt wi den Kohl man eerst mol eben döpen!" reep Ewald Geerken, wat een van de Fohrers weer. He kreeg den eersten Buddel ut den Kinnerwagen un nödigte jeedeen, dat de Eierbecher ok utdrunken wurr. „So 'n Lüttjen maakt de Fööt warm!" reep he un goot gau noch eenen achteran. Awer denn schoven se los.
He leep een poor Treed achterher. So kunn he beter up de Deern kieken, de nu vergnügt den Kinnerwagen mit den Gröönkohl över den tofroren Bodden schov. De roode Schaal weih in den Wind.
„Nu mööt Se ok mol!" Se weiharm. He kreeg de mitnahmen Boßelkugel in den Hand. „So mööt Se dat maaken!" Se bleev bi em un wies dat.
Van unnen her hool he ut un smeet de Kugel över de Klinkerstraat. Eerst flog se, denn kuller un pulter se in de Mitt van de Straat un keem eerst wiet vörn to 'n Leegen.
„Dat weer bit nu de beste, dat mööt wi begeten!" reepen se all un glieks weer de Buddel woller herkreegen. Nee, dat Suupen weer nich siene Saak, awer allens, wat Recht weer, nu föhl he sick nich mehr koolt!
„Schall ik ok mol den Gröönkohl un de Buddels in den Wagen wieterschuven? fragt he de Deern un wunner sick, dat he sowat överhaupt maaken wull. Se schüttkoppde. „Denn schuvt wi twee tosamen!" meen se. Un van nu af bleev he in de Koppel Lüüd un kunn so goot mit de Deern snacken.
„Gröönkohl un Pinkel, dat hört so eenfach to us! Dat bringt de Minschen tosamen, un ..." nu keek se em an, ..." dat Gröön van den Kohl dor is ok een Teeken, dat man nie nich dat Hapen upgeeven draff!"
Ehre Aart, dat to vertellen, much he geern. He weer nich van hier un wull geern noch wat över den Gröönkohl hören, awer dor bölkte Jan Emken: „Dor, us Gröönkohl roppt al!" Dorbi wies he up den Kroog an 'n Enn van de Straat.

„Dor, un köönt ji mi glöven, gifft dat den besten Gröönkohl van de Welt!"
„Schall mi wunnern!" dacht he.
An de Kroogdöör stund al de Kröger mit eenen Buddel. „Na, köönt ji mienen Gröönkohl al ruuken?"
Jeedeen muß nu eenen Sluck nehmen. Dorna reev man sick de Hannen van de Küll. Nu keem man in de mollige Beerstuuv. De Dische weern al indeckt. Dorto harr de Kröger Gröönkohlstrunken as Dekoratschoon uphungen.
„Vertellt Se mi denn mol, wat dat Besünnere an dissen Gröönkohl is?"
He sette sick so, dat he de Deern ankieken kunn.
„Noch beter as daröver wat vertellen is 't, wenn man den Gröönkohl up de Tung hett!" Dorbi smuuster se. Man denn vertell se doch eben: „Disse Gröönkohl, de bruukt buten noch den eersten Frost. Denn eerst ward he plückt, kruus ruppt, goot wuschen un vörkookt. To so een recht Gröönkohl-Äten as bi us tohuus, dar hört noch Pinkel ...," un nu keek se em smuusterig an,
„dat is eene Grüttwuß mit Speck, so eben anrökert, denn dicken Speck, ok Kasseler, noch Kookwuß dorbi, Tja, un Mama maakt denn ok noch een poor Lepel Smolt, Peper un Havergrütt dorto. Dat all mutt denn fein sämig utsehn. Wenn dat denn heet ut de Kumm dampen deit, kaamt noch use geelen Solt-Kartuffeln dorto, un denn is dat een Herrgotts-Äten!" Dorbi lüchten de Ogen van de Deern un em weer, as freu se sick al bannig!
„Dat Äten kummt!" reep de Lehrjung. De Kröger un twee Froonslüüd drogen de grooten Kummen rin. Dat maakten se, as weern se bi rieke Lüüd!
„Un hier is dat wunnerboorste Äten van de Welt!" De Deern nehm den Deckel af un duukte den Sleef in. „Dat is nu use Ollnborger Gröönkohl!" Se de em eenen ordentlichen Slag up sienen Teller. Dorto packte se noch eene Pinkel, de ja van buten een bteten gediegen utsehg, ok noch 'n Stück Speck un eene bruune Kookwuß.
„Un dat schall ik all eten?" He keek up dat Äten un dacht: „Un dat glabberige Gröön schall nu dat Wunnerwark wesen?"
He sehg de annern tofaaten un nu langte ok he to. Un van Happen to Happen meen he, dor weer nich blots sien Magen tofreden, ok in sien Hart trock Freden in.

„Doch, smeckt wunnerboor!" sä he na den ersten Teller. De Fro an siene Siet schov den Teller al bisiet, awer he langte noch mol to. „Dorto hört 'n Sluck!" prost em de oole Kampmann to. Un dorbi bleev dat nich. Na 'n drüdden Teller föhl he sick satt un bold so, as seet he in een Paradies. Tofreden keek he up sienen Buuk.
Un as he noch so bi 't Nadenken weer, stund de Kröger bi em. De Deern smuuster. He lickte mit siene Tung den lesden Gröönkohl ut de Tään.
„Dor hefft wi usen nee 'n Gröönkohl-König!" Dorbi legg em de Kröger eene Kett mit 'nen Swiensorden um 'n Hals.
„Ik graleer ok!" De Deern langte em de Hand hen. He keek överrumpelt un verbaast hoch.
„Dat kost nu awer 'ne Runn!" reepen de Lüüd.
„Wer tolesd noch an 'n Äten is, de is de Kohlkönig, un de mutt den Sluck för all betalen!" swiester de Deern em to.
„Denn up 'n Gröönkohl un de Minschen, de weet, wo moi de Ollnborger Aart is!" He nehm sien Glas hoch. Un wovääl Glöös achterher noch keemen, dat kunn he nich mehr seggen. De Deern vertell em later, dat he partout mit den Kinnerwagen noch eene Schöttel Gröönkohl mit na Huus nehmen wull.
„Un tokaamen Johr gaht wi woller los, to 'n Gröönkohl-Äten mit Pinkel un wat dorto!" sä he annerndags un keek verleevt up de Deern an den Schrievdisch!

Karl-Heinz Bonk

Plattdütsch Eck
Gröönkohl un wat darto höört

Noch, as se den Slötel umdreih un denn lospedde, mummel se: „Passen deit mit dat ja gar nicht!" Denn, ehr Keerl vörweg, se achterher, all gau ut de Puust, geev se em noch 'n Stött in den Rüüch: „Un dat Du daran denkst, besuupen gifft dat nich!"
Fiet, wat ehr Mann weer, säe nix. Man wer em kennen de, de wuß, wat he nu denken de. He weer, so as ja woll de meersten

van de Mannslüüd, gedüürig. So leet he denn dat Gesabbel van achter, wo siene Fro all an Japsen weer, in dat eene Ohr rin un bi't anner wedder ruut.
„Ja, un denk daran, wenn Du toväāl frittst, denn geiht Di dat de ganze Week noch slecht!" keem dat nun van achtern.
„Dat mußt Du just seggen, wo Du mit dienen Naber-Klönsnack bald 'n ganze Tort up'n mal verneihst un den abends jammers, de vääle Arbeit tohuus weer Di wedder up'n Magen slaan!" säe Fiet ganz lies, un dat weer man goot. „Ja, un laat de Oogen un de Fingers van de jungen Deerns weg, Du weest, de sind blot up dat Geld ut!" lamenteert dat wedder van achtern un Fiet schüttkopp, man dar kreeg de wedder 'n Slaag in Krüüz. „Bruukst Di blots Wilma ehrn Hemmann ankieken, de dumme Keerl löppt 'n junge Deern achterher un lett Huus un Fro alleen! Un wat hett he nu darvan?"
Fiet wuß dat beter, man he sweeg, keem doch nu Meyers Kroog in de Oogen. Ja, dar stunnen se all un tövten. Mit Juchei reepen se all na ehr her, denn keem de, wo de Sekretärin van sienen Chef weer, na Fiet her un hung em 'n Band mit 'n Stamper um. Mitdem faate de Chef den Kinnerwagen mit den Kohlstrunk un denn leepen se los.
Wat harr Fiet doch för 'n Glück, dat de annern Fronslüüd siene Erna unnerfaat harrn. Un kiek'san, de Fronslüüd weern de eersten, de denn so deen, as kunnen se nich mehr. Foorns keem de Chef mit den Kinnerwagen anföhrt, de Kohlstrunk wackel düchtig, man he bleev boben un de bunten Fahnen daran weihen in Wind. De Sluckbuddels klappern in den Wagen. Nu leep de eerste Buddel in de Rund un nümms much „Nä" seggen. Sogar siene Erna kippte dat gleunige Water mit eenmal dal! Ja, un denn leepen se wieter. Dat geev noch 'n ganze Rehg mal Fofftein to 'n Upwarmen, un dat markte man ok all bi den Lüüd, de nu all nich mehr so ganz liek ut leepen.
As Fiet denn na 'n Tiet nach achtern na siene Fro keek, harr de all gleunige Backen un weer an Singen, as weer se tohuus alleen, in ehre Köök. De Küll muß woll nalaaten hebben, tominst meen se all, dat weer ehr doch recht warm um de Böst. Man Fiet stund noch jümmers in siene dicke Jack un mit 'n Schal um 'n Hals. Mit so 'n Koppel fründliche Lüüd löpp de Tiet doch hen

un so langten se denn bi Strackerjan sien Gasthoff an. De oole Ernst stund all in de Dööř un geev jedeen de Hand. Bi Fiet holl he in un meen: „Kiek an, süht man Di ok mal wedder? Dat is awers all 'n Tiet her, dat wi us sehn hefft!" Un Fiet muß em recht geven. Siene Erna harr dar nie nich wat van weeten wullt, man nä, in tokamen Tiet schull sick dat ännern, jawoll! As se de dicken Jacken un all dat warme Tüüch weghangt harrn, stund de dampende Kohl ok all up 'n Disch. „Gröönkohl!" dacht Fiet un keek in de Kumm, de just vör em stund. Un denn wurrn darto de geelen Kartuffel hen stellt, ja, un ok Pinkel, Kookwuß un dicken kookten Speck!

Fiet wull all na 'n Sleef griepen, dar hau Erna em up de Fingers. „Doch nich toeerst, wo sütt dat denn ut!" Fiet legg den Sleef wedder dal. Darbi leep em dat Water in Mund tohoop.

Denn, wo schull dat ok woll anners wesen, muß de Chef ja eerst noch 'n paar Wöör seggen. Man dat kenn se ja all un höörn gar nich eerst to. All keeken se up de Kummen, wo de Kohl in dampen de. All haarn se nu Smacht, un denn toletzt holl de Chef in un se all drunken vörweg noch 'n Sluck! Denn fung dat an to klappern un mit Snacken.

„Kiek, nu hett Peter sien Jung, Du kennst em doch, de hett den eersten Slaag updaan! Dat gehöört sick nich, mutt doch töven köönen!" meen Erna un hau sick darbi den Teller full. As he nu an de Rehg keem, meen se: „Nu man her mit dien Teller, ik do Di dat all up, Du darffst nich soväăl!" Se geev em man blots 'n lüttjen Slaag un 'ne halve Pinkel. „Speck un so, dat darffst Du nich, Du bist so all to dick!"

Darbi nehm se de annere halve Pinkel noch up ehren Teller un hau denn so recht rin.

„Miene Erna wiggt sülvens bald tweehunnert Pund un ik schall to dick wesen!" mummel Fiet in sienen Bart. Denn nehm he siene Gabel un langte to. Un ahn dat siene Fro dat to sehn kreeg, fummel he doch noch 'n Stück Speck ut de Kumm. Dat höörde nu mal darto un so weer he denn ok tofreen. Schull Erna sick man den Panst fullhaun!

„Nu eet to, dat Du nich de letzte büst! Du weest doch, wer Kohlkönig ward, de mutt 'ne Runde utgeven! Kumm mi blots nich, dat wi för all de Lüüd betaalen schöllt!"

Fiet smeckte dat so goot, dat weer bald so as bi Mudder, wenn de in Winterdaag Kohl kooken de. Man as he denn uphöörde, keek he in de Rund. De meersten haarn ehrn Teller all leermaakt un weern all bi Sluck un Beer.
He leep denn eerst mal na 't Klosett, de Büx weer doch to stramm wurrn an 'n Buuk. As he denn wedder keem, keeken all up Erna, wat doch siene Fro weer. De langte just noch 'n Sleef Kohl na un darto noch Kartuffeln un Pinkel. Se weer in ehr Element, se seh nix, se hör nix!
De up de anner Siet van 'n Disch plinkoog em to. Fiet keek verlegen dal. Denn, as harr se nix markt, leegt se de Gabel up 'n Teller un schov dat wiet weg. „Nu mutt ik woll uphöörn!" säe se un keek in de Rund.
Denn keek se na Fiet her un fau em an: „Du hest doch woll tovääl eten, geev dat to! Nu muß Du doch all wedder na 'n Klo rennen!"
Dar keem Ernst Strackerjan, wat de Kröger is, de stüürde up siene Erna to un graleer ehr. Se keek verdreiht, denn lach se ut een Oog. Fiet kenn dat to goot! De Kröger legg ehr 'n Kranz um Hals mit 'n ganz grooden Orden, wo 'n Swien in to sehn weer. Darto harr he den Kohlstrunk ut den Kinnerwagen mitbrocht. He goot ehr 'n grooten Kloren in un denn stunnen all de annern Lüüd up un klappten in die Hannen.
Erna weer rein weg bedröfft.
„Nu mööt se as Kohlkönig ok wat seggen!" meen de Kröger, darbei stell he all 'n all 'n half Dutz Koornbuddels vör ehr hen. Se keek up de Buddels, in ehrn Achterkoop tell se all tohoop, wat dat för 'n Geld kosten de, denn meen se, man eerst 'n beten stockerig, man denn, as se wedder in Fahrt keem, dat se sick bannig freun de un de Kohl weer ja ganz wunnerbar un de Lüüd weern doch all so nett, so schull dat denn man blieven. Und as se denn mit 'n ganz scharpe Tung: „Dar sütt man dat wedder, wi Fronslüüd mööt alltiets uppassen, dat de Keerls nich tovääl kriegt, denn kaamt se blots up verkehrte Gedanken!"

Karl-Heinz Bonk

Hinnerk sien Gröönkohl

„Un Du seggst, Du hest, nix markt? „Sien Fründ Ewald keek em an un smuustergrien över't ganze Gesicht. De annern deen, as harrn se dat nich mitkrägen. Hemmanns Fro, de just lieköver van Hinnerk seet, gnicker in sick rin. Alfred an siene Siet kloppte sick vergnöögt up de Knee.

Hinnerk keek verlegen van een up 'nannern. „Ik weet gor nich, wat Ji hefft, an'n Kööm kann't ja noch nich leegen, sovääl hett't ja noch ni geeven!" Fraagwies leepen siene Ogen övern Disch.

Vandaag weer dat gemeensame Gröönkohläten, just so as in all de anne Johren. De Kumm mit den Rest van'n Gröönkohl dampte noch, de letzten Kantüffel lüchten her, de glibbrige Speck leeg noch up'n Teller, twee Kookwuß weern d'r noch bi över bleeven.

„Heff ik denn slapen, dat Ji meent, ik weer all woller Kohlkönig?" Dorbi keek Hinnerk verlegen up siene Fro, de nu awers ok losquidder. „Ik weer ditmal nich de letzt, nä, ditmol söökt Jo man 'n annern, de den Kööm betalt" He sette sick dal un drunk sein Glas ut.

Ewald stötte em an. „Hest Du eben nich seggt, ditmal weer de Kohl bold so goot as Dien eegen letzt Johr?" Dorbi muß Ewald 'n paarmal sluuken. „Doch, de weer goot, awers över mienen eegen Kohl, d'r geiht 't nix! So'n Kohl as letzt Johr gifft dat nie nich wedder!"

Ewald sette sick up den leddigen Stohl an seine Siet un meen na Hinnert to: „Du, ik glöv ja nu doch bald, Du büst d'r rinfullen!"

„Woso meenst dat?" Hinnerk weer rein weg perplex, wat dor nu woll kaamen schull.

„Na, denn nu ward dat Tiet, dat wi Di de Geschicht van Dienen eegen Gröönkohl vertellt!"

Ewald nehm eerst noch 'n Sluck, denn vertell he: „Du weest doch noch, wi hefft mol utmaakt, een Johr geevt wi den Gröönkohl, denn kummt Hemmann an de Rehg, dorna Emil, ja, un so geiht dat denn bi us all langs. Nu letzt Johr weerst Du doch an de Rehg. Du harrst letzt Johr dissen gewaltig hohen Kohl, nee'e Sort, as Du seggt hest. Weern wunnerbare Köpp, bald to schad

to'n Afsniern! Un wat weerst Du doch stolt up dissen Kohl! Man as wi nu meenen, Du schullst man an't Arnten gahn, dor hest Du basch seggt: „Mien Kohil blifft mien Kohl, köönt ja Dosen kööpen!" Dat hest Du doch seggt, nich?"
Ewald goot Hinnerk noch 'n Kööm in. „Prost up Dienen Kohl, un ok up dat, wat d'r nu kummt!"
„Dat schall mi wunnern, wat Ji mi nu Dummerhaftigs anhangen willt!" „Denn höör man goot to! Du weest doch, utmaakt is de tweete wääk in Novembermaand, wo wi us gemeensam Kohläten hefft. Letzt Johr hefft wi Di bekneet, hefft Di so unsovääl mol fragt, bitt un beddelt, Du schullst just so as wi in de Johren vördem Dienen Kohl för us Äten spendeern. Man Du weerst as 'n Steen. Dat nu hett us bannig argert un so hefft wi denn dacht, nu wulln wi Di denn doch mol anschieten! Diene Fro heff wi seggt, bi Nachts wulln wi den Kohl klauen. Un Du kennst doch Diene Fro, de hett Di glieks allns seggt un Du hest meent, nu wullst Du us eben lackmeiern. Du hest Dien Goorntüüg noch in de Nacht wedder antrocken un denn muß Diene Fro mit de Petroleumlamp mit ruut in de Küll, blots, dat Du man noch eben vör us denn Kohl afsnäen kreegst. Rumquakt hast Du bi Nacht in'n Duustern, över koole Hannen hest Du schimpt, un achterher hest Du to Dien Fro seggt: „De schöllt woll groote Ogen maaken!" Man wo Du nich mit reekend hest: Diene Fro harrn wi to de Tiet all up use Siet. So hett Di Diene Fro annern Dags losschick na'n Slachter, schullst Pinkel un Kookwuß hoolen. Se hett Di seggt, in de Tiet wull se all an'n Kohl gahn un fertigmaaken to'n Infreeren. Un nu kummt, wat Di bedröppt: In de Tiet, wo Du up Wuß – un Pinkeltour weerst, dor hefft Emil un ik twölf Dosen besten Gröönkohl na Di na Huus brocht. De Dosen hefft wi updreiht un in Jo'n grooten Pott kippt, dorbi hett Emil sick noch deftig in'n Finger snäen. Awers wi hefft dat so henkrägen, dat Ji tohuus den Dosenkohl harrn un wi hefft Jo'n Kohl in de groote Balje na Lisa brocht. Dor hefft wie Dienen Kohl denn fertigkookt un denn abends mit all Mann upäten. Gerad Du kunnst Dienen Hals nich vull 'noog kriegen un to'n Enn weerst Du nich blot use Kohlkönig un hest den ganzen Kööm betaalt: „Un de beste Kohl is bi mi tohuus!" Wat glövst Du woll, wat us dat för'n Spaaß maakt hett! Nu segg mol ehrlich, un Du hest nie nich wat markt?"

Hinnerk wuß nich, schull he nu queesen of lachen. He keek siene Fro fraagwies, verlegen an. Denn leep'n Smuustergrienen över seine Ogen. „Wenn dat denn Dosen-Gröönkohl wäsen is, wat Ji mi dor na Huus broch hefft, dor kann man nix gegen seggen, goot hett he smeckt. Awers dat is denn ok woll de Verdeenst van miene Fro! Dat will ik Jo seggen, nümms kann den Kohl so maaken as miene Fro!" He keek seine Fro an un nickkoppte.
All seine Frünnen un Nabers an'n Disch wullen all na'n Kööm griepen, dor keem dat van Hinnerk achterher: „Awers dat heff ik Jo ja noch nich vertellt: Mien Kohl, den Ji ja denn woll klaut hefft, weet Ji, wovan de so goot wussen is?" He tövte 'n korte Tiet un keek een up'n annern in de Ogen.
„Jauche, nix as Jauche!"
Hinnerk nehm sein Glas hoch. „Un nu Prost up Kohl un Pinkel, Kookwuß un Jauche!"

Karl-Heinz Bonk

Gröönkohl mit Pinkel un Kookwuß

De junge Pastoor Martens weer mit siene Gedanken noch bi de oole Fro, de he vannamiddag besöcht harr. Aver dat weer jo blot een lüttje beten van dat, wat he noch so maakt harr. Un argert, doch, dat muß he togeeven, argert harr he sick över den jungen Mann, de em so liekut in't Gesicht seggt harr: „Pastooren weet jo allens, dröövt allens un verstaht van us Sorgen nix!"
Nu keem he just na Huus un sette de Tasch up'n Stohl, as siene Fro meent „Du kummst nich dorup, welkeen eben anroopen hett!"
Fraagwies un unverwohrens keek he siene Fro an.
„Dor an dat Telefon hett he seggt: „Hier is Kolleeg Huber ut Bayern! Ik bin morgen in Norddüütschland un kaam gau mal eben to Besöök!" Un denn hett he noch fragt, of dat ok recht weer. Dat weer doch de Pastoor dor, wo wi up Urlaub weern, un dat weer doch 'n ganz patenten Keerl, meenst nich ok?"
Pastoor Martens nickkoppte un kreeg vergnögte Ogen. „Na,

wat de woll woller över Wunner in siene lüttje Gemeen vertelln kann!"
„Un denn hett he noch seggt, dat weer jo nu woll bi us Gröönkohl-Tiet un Du harrst dorvan soväääl vertellt. Nu wull he doch geern mol sowat probeeren, wenn he dat kunn!"
„Dat hefft wi nu dorvan! He harr us doch to'n Wittwuß-Eten inladt un dor heff ik meent, dat geev nix beters es usen Ollnborger Gröönkohl! Aver nu segg eben, wie willt wi dat so gau henkriegen?"
Pastoor Martens trock sick eenen Stohl her, keek dorbi up siene Fro. „Denn helpt dat woll nix, ik roop Mama an! Wenn us dor went ruuthelpen kann, is Mama dat!"
So harr sick dat Freedag to´n Abend afspäält. Un an'n Saterdag stund Mudder al fröh an de Döör.
„Wenn Ji hier to Huus Gröönkohl up'n Disch kriegen willt, ward dat aver Tiet, dat wi dat in de Gang kriegt!" kommandeer se ok glieks. „Wenn Ji veer Lüüd sind, bruukt wi so an de dree Pund Gröönkohl un woll söß Kookwuß, dorto söß Pinkel, striepten rökerten Speck, dor muß aver een Pund langen, jo, un een poor Schieven Kasseler, de weern woll ok noch nödig! Wat anners noch so dortohört, Smolt, Solt, Peper un so, dat is jo woll bi Jo in'n Kükenschapp! Aver ik segg noch eenmol: Wenn Ji dat noch to Middag hebben willt, is't al bold to laat!"
Mudder stund in de Mitt van de Köök un wull al na'n grooten Pott söken, as dat an de Döör pingel.
Pastoor Martens leep sülvens na de Döör. Un denn hören se bit na de Köök hen de Stimm van den Pastoor Huber, den Kolleeg ut Bayern, de so een besünnert luutet Mundwark harr! Un siene Bayern-Aart weer nich to överhören.
„Nu hefft wi den Salat mit usen Gröönkohl!" meen Mudder dröög weg, aver tominst togeeven muß se doch, dat dat een ganz patenten Keerl weer.
„Un wat maakt wi nu?" swiester de Fro Pastoor.
Mudder weer gau woller bavenup! „Weet Ji wat? De Turnvereen maakt doch vannammiddag ehre Gröönkohl-Fohrt! Ik gah mol eben röver un segg, ji keemen mit!"
Un so keem dat, dat Pastoor Martens mit sienen Besöök to'n Namiddag bi dat junge Volk van den Turnvereen stund.

„Eenen Sluck mööt wi aver eerst drinken!" heete dat glieks. Un wo de eerste Frost al düchtig bi de Been hochtrock, weer dat Inböten ok al nödig.
Dorna leepen se bold annerthalf Stunnen dör de iesige Kuntrei, eerst de oole Pulterstraat langs, denn övern Barkenweg, den Dwaschweg dör bit na Niebülls. Een Bullerwagen mit Musik un Buddels pulter achterher. De jungen Lüüd harrn so eene Düdelmaschien mitnahmen, dorto kreihen de Froonslüüd vergnögt un hakten den Pastoor un sienen Besöök vergnögt unner. Dat bleev ok nich bi den eenen Sluck, aver dat kunn de Bayern-Pastoor goot af, tominst gleuh bold siene Nääs un he vertell in eens weg. As se bi Niebulls Kroog anlangten, kunnen se sick eerst mol upwarmen. „Nu mööt Se mol ruuken, dat is echten Ollnburger Gröönkohl mit Pinkel!" trocken de annern Lüüd ehr mit in den Saal.
Dor an de Dische seeten al 'n Koppel Lüüd. Un glieks keemen ok de Froonslüüd van den Kröger un setten dampen Kummen mit Gröönkohl up'n Disch. „Dat is nu us Gröönkohl! Un nu gau her mit den Teller!" Eene van de Froon geev den Pastoor eenen grooten Slag up'n Teller. „Un nehmt Se man glieks van use gooden Kartuffeln dorto, denn noch eene Pinkel, jo, un ok eene Kookwuß, nee, ahn Kasseler is dat nix!"
De Teller harr 'nen Barg, aver bi dat Loopen weer jo ok de Smacht kaamen „Süht jo gediegen ut, jo'e Gröönkohl, aver smecken deit he wunnerboor!"
De Bayern-Besöök reev sick sienen lüttjen Buuk. Un dorbi muß he woll doch noch smachtige Ogen harrt hebben, tominst keem noch eenmol een Slag Gröönkohl up sienen Teller.
Överlaaten much he nix, dat sehg he as Sünd an. Aver tolesd wurr dat doch een beten stuur. Aver he wunner sick, dat de Lüüd so fründlich up em keeken. Weer man goot, dat em de Kröger nu noch eenen Sluck spendeer, aver wat dorna keem, dor harr he jo nu nich reekend: „Tja, Herr Pastoor, denn graleert wi ok! Ditmol sind Se use Gröönkohl-König wurrn!" Dorbi legg em de Kröger eene iesern Kett um'n Hals, doran bummel een Swien ut Blick! „Dat ward nu aver düür!" swiester Kolleeg Martens. „Dat kost nu eene ordentliche Rund för'n Saal!"
„Wenn dat hier so is, denn man Prost! Disse Gröönkohl hier,

dat is jo een Geschenk van usen Herrgott! Noch mehr glöv ik, he mag Minschen, de Gröönkohl eet. Denn sett he sick dorto un freut sick över Kohl un Wuß, geele Kartuffeln, Speck un ganz besünners de free'en Harten an'n Disch!"
Fründlich un vergnögt keek he all Minschen in den Saal an. Un he leet sick dat nich nehmen, noch eenmol an de Kumm to ruuken, ehr dat de Kröger dat afrüüm.
„Se hefft nich tovääl versproken! Jo'e Gröönkohl-Eten verbinnt de Minschen un laat ehre Harten vergnögt weern!" meen he achterher. Dorbi harr he doch een beten to doon, sienen vullen Buuk na Huus to stüüren. Aver he weer so tofreden, dat he noch meen: „Un wenn Se nix dorgegen hefft, kann ik morgen de Predigt hoolen!"
Sowiet kenn ik de Geschicht. Blifft noch to vertellen, dat nich so ganz vääl Lüüd in de Kark keemen. Aver de hören eene besünners gediegen Predigt. Eerst mol hör sick dat so ganz anners an, so na Bayern, wiet weg, aver so ganz apart weer doch, as up eenmol disse frömde Pastoor van de Kanzel her vertell: „Un wi willt nie nich vergeeten: Us Gröönkohl mit Speck un Pinkel, dat is een Herrgotts-Geschenk!"

Karl-Heinz Bonk

Manchmal gut zu wissen
Kleines Kohl-Lexikon (nicht zu ernst zu nehmen)

Besenwerfen, auch Bessensmieten, eine in neuerer Zeit aufkommende Freizeitbeschäftigung, gern geübt auf Kohlfahrten. Benutzt wird hier ein Strauchbesen = Struukbessen, der möglichst weit nach vorne geworfen wird. Ob allerdings darin etwas vom alten Hexenglauben erhalten ist, bleibt noch zu klären.
Brägenwurst: Wird statt der bekannten Pinkel in einigen Gegenden zum Grünkohl gegessen. Auch eine Grützwurst, in der aber Schweinshirn verarbeitet wurde. Daß durch den Genuß derselben die menschliche Hirnmasse vergrößert wird, ist mehr als fraglich.
Boßeln: Ein Ableger des norddeutschen Klootschießens, gern

geübt bei der Kohlwanderung. Dort wird eine Holzkugel, mit Blei beschwert, im Wettbewerb mit einer zweiten Gruppe möglichst weit über die hartgefrorene Straße geschleudert.

Freßorden: Eine Insignie der Kohl-Monarchen, wird am Halse hängend getragen, hat meistens die Form eines fetten Schweines, besteht manchmal auch aus einem Schweine-Unterkiefer. Häufig wird der Name des jeweiligen Königs eingraviert. Es empfiehlt sich, diesen Orden lediglich bei Kohl-Veranstaltungen zu tragen.

Grünkohl: lat. Brassica oleracea, gehört zur Gruppe des Blätterkohls. Vitaminreiche Grundsubstanz des norddeutschen Grünkohls. Heißt in einigen Gegenden Braunkohl oder Krauskohl.

Kohlessen: die etwas gemütlichere Art des Kohlgenusses, bei dem man sich nicht vorher den großen Kohlhunger durch Wanderung und sportliche Betätigung erarbeitet. Hier setzt man sich zum Kohlessen einfach an den Tisch.

Kohlfahrt: Vergnügliches Unternehmen mit allerlei Zeitvertreib und sportlichen Aktivitäten. Man macht eine längere Wanderung mit mehreren Kohlgenossen über die gefrorenen Straßen bis zum eigentlichen Kohl-Lokal. Hier bekommt man immer viel intensiver das Gefühl, daß Kohl menschliche Kontakte stets verbessert und daß danach der Kohl ein wahrer Genuß ist. ***Kohlkönig und Kohlkönigin:*** Ehemals eine besondere Ehre für diejenigen, die beim Kohlessen einen besonders großen Appetit vorweisen und zuletzt das Besteck niederlegen. Als Zeichen ihrer neuen Macht und Würde erhalten Sie als Zepter einen großen Kohlstrunk und werden mit dem Kohlorden am Bande geehrt. Als besondere Ehre dürfen die gewählten Könige das nächste Kohlessen ausrichten.

Kasseler: leckere Beilage zum Grünkohl, kommt aber nicht aus Kassel, wurde vom Berliner Schlachter Cassel erfunden: Leicht gepökeltes, danach speziell geräuchertes Fleisch.

Kohlorden: Sichtbare Auszeichnung der Kohlkönigswürde in Form eines wohlgenährten Schweines. Einige sehen darin ein Fruchtbarkeitssymbol. Der Wert dieses Ordens wird leicht verkannt, deshalb sollte man ihn pfleglichst nicht in der Öffentlichkeit tragen.

Kohl-Zeitung: Hat keinerlei politische Ausrichtung! Eine Schrift, in der schon rechtzeitig vor Antritt der Kohlfahrt die besonderen Fähigkeiten aller Teilnehmer in bezug auf ihre Kohlverdienste gewürdigt werden. Das hat möglichst launig zu geschehen, stets liebevoll und ehrlich!

Korn: Gemeint ist der hochprozentige klare Schnaps, unerläßlich zur besseren Verdauung des grünen Kohls. Ob allerdings im Korn auch ein Körnchen Wahrheit enthalten ist, merkt man erst nach genügendem Konsum!

Pinkel: Wichtigste Beilage zum Grünkohl-Gericht. Die Zutaten sind von Ort zu Ort unterschiedlich. Grundsubstanzen sind Grütze und Speck. Name der leicht geräucherten Wurst kommt vom sogenannten Pinkeldarm (= plattdeutsch). Trotz des vermeintlich unschicklichen Namens ein besonders leckerer Genuß!

Walter Scheel (links vorn) besuchte 1977 als Bundespräsident das Essen, hier im Gespräch mit (v.r.) den Ministern Egon Franke und Hans Apel. Geschmeckt hatte es wohl auch dem ehemaligen Oberstadtdirektor Heiko Wandscher (hinten links.)

Helmut Kohl (links) bestaunte 1980 die Königskette von Minister Werner Remmers, vier Jahre später wurde Kohl als Kanzler selbst König. Als Gäste waren dabei (v.r.) Wilfried Hasselmann und Willy Brandt.

Wer vom Kohl noch nicht genug weiß

Buch-Empfehlung:

Karl Fissen: Von grönen Kohl mit Speck un Pinkel

Richard Ahlrichs: Grünkohl, Pinkel und Rippenspeer

Dieter Drahtschmidt: Fast alles über Kohlfahrten.

Helge Kujas: Klootschießen, Boßelln ...

Nationalgericht Grünkohl/Stadt Oldenburg

Martin Westphal: Kohl- und Pinkelfahrten

Helga Klöver: Das Kohl&Pinkel-Buch

Dazu findet man in jedem Kochbuch diverse Kohl-Rezepte und in der Kohlfahrtzeit von Oktober bis März fast an jedem Wochenende in den Tages- und Sonntagszeitungen Berichte über Kohl und Kohlfahrten.